あなたには素敵な天命がある

命理学四柱推命でわかる運の活かし方

塚本真山 著

太玄社

あなたには 素敵な天命がある

命理学四柱推命でわかる運の活かし方

はじめに

天命からのお知らせ

世の中には、悲観と愚痴にまみれている人もいれば、光り輝く一生の人もいます。

なぜこのような違いがあるのでしょうか。それは天命、つまり宇宙から与えられたお宝をうまく取り入れ活用しているか、していないかで、差が出てくるからです。

しかし、そのお宝も人によって中身が異なります。例えば政治家になりたいと切望しても、当選して活躍できる人もいれば、不運にも落選する人もいます。また、華やかな世界の最前線で刺激的な生活を楽しむ人もいれば、一見平凡で退屈に見える役場の受付で幸福な生活を送る人もいます。

なぜそのような差が出るのでしょう。

それは、天命からいただく役目には個人差があるからです。自分自身の天性があることを自覚すれば、あなたの歩むべき道が確立され、自信と至福の開運の扉が開かれます。

このように、人には天命によるそれぞれの役目がありますが、運勢には免れることのできない過酷な運命と、それが起こるタイミングとしての波があります。ちょうど海の波と同じです。

筆者が中学生のときのことです。初めてヨットを操舵した折、レンタルヨット店のおじさんが、「小波の後は必ず大波が来る。ヨットを回転させるには、小波の間に舵を切れば、続いて大波がやって来てうまく押してくれる。でも大波が来た時に舵を切ればヨットはひっくり返りますよ」と教えてくれました。

人生もこの船と同じようなものです。時には流れに任せることも必要です。運命という荒波の中で、うまく波に乗ることが天命に従うことになり、自然に従って生きることになります。その結果、幸運を呼び込むことができるのです。

つまり、天命に従って生きるとは、もともといただいている自然な自分を、十二分に活用して生きることに他なりません。

本書は、いにしえの賢人たちの教典である神秘としかいいようのない、「命理学《めいりがく》四柱推命《しちゅうすいめい》」を基盤に、多年にわたる筆者独自の鑑定データの蓄積から、いかにして天命である幸運の力を見出すかを述べています。

命理学という名称は、古代中国からの深遠な宇宙大自然から来た東洋学問ですが、四柱推命の名は中国にはなく、推命学が中国より到来した際、日本で独自に名づけられ定着したものです。そのため、同じ推命学であっても、中国と日本では多少ニュアンスが異なります。そこで本書は「命理学四柱推命」と名称することにしました。

本書は、世に多く出版されている「初学者用の四柱推命本」とは趣が異なります。なぜなら、知識を学んでいただくものではなく、より実践的に活用していただくことに主眼を置いているからです。紙面の都合上、通変星詳細論などは省略していますが、命式表の見方など必要とする部分は、初学の方も、四柱推命をまったく知らない方々にもわかりやすいよう説明を加えておきました。

本書を読めば、天命を知ることがいかに大切であり、天命を見つけたとき、今までずっと苦労してきたイバラの道は、その天命のための訓練であったことに気がつくでしょう。

今からでも決して遅くはありません。たとえ、どんな苦労があろうとも、巷《ちまた》でいう「これも天命だ」と簡単に諦めてはいけません。その中に秘められた、光り輝く天命があることを確信してください。

塚本真山《つかもとしんざん》

あなたには素敵な天命がある　命理学四柱推命でわかる運の活かし方◆目次

第二章　運命のいたずら

第三章 天命のビジネス

第六章　天命のプロセス

第七章　運命の波動

第八章　運命式の見るポイント

第一章

天命に従おう

メッセージ

天命は、その言葉から受ける響きが神秘的ですが
天命は、宇宙から戴いた宝です
せっかく戴いたお宝を無駄にしてはいけません
それをいかに活用するかで、運命の扉が変わります

1. 天命に逆らうな、天命に従おう

「今あなたは楽しい日々を送っていますか？　それとも毎日が苦しみですか？」

こんなことを問えば、「何を言っているんだ」と怒られるかもしれませんね。

人生の流れは、川の流れと同じです。楽に流れていくかと思いきや、時には岩にぶつかったり、うまく流れなかったりして苦しみながらも、ついには大海に到達するのです。

天災や災難も同様で、この流れを止めることはできません。しかし、災難から逃れる方法は必ずあるはずです。それは、まず、その災難を素直に受け入れることから始まります。

例えば、あなたが病気になったとしましょう。あなたは当然、病院で診療を受けます。ここで一番大切な課題があります。このときには誰もが心配し焦心になり、病気に対して何とか快癒したいと、当然抵抗しますが、実はそこに問題があるのです。

東洋医学では、「病気の最大原因は心身の不調和にある」と指摘しています。つまり、自然の流れの中で、気の調和が崩れているから病気になると教えているのです。

病気は肉体のエラーを教えてくれているのですから、本当は感謝すべきだといっても、「馬鹿なこと言うな」と怒られるのがおちでしょう。

しかし、病気は避けて通れませんし、たとえ避けても、「そのまま生命に残留している」と精神科医のC・G・ユングやブライアン・L・ワイス博士などが述べています。

なお、ワイス博士は、「病気に直面することにより、精神的な成長を促進させる絶好の機会にもなる。だから病難が病難でなくなる」と強調しています。

つまり、病気は病気として医師の処方に従うのは当然ですが、感謝しながら根気よく病気を治療することが、最高の療法になるというのです。

では、「なぜ、病気に感謝するのか？」

それは「カルマ」の法則があるからです。「カルマ」とは、この世に生まれる前の過去世から連続して持ち越してきた「宿命」のことを指します。その宿命には、病気もあり災難もあります。

ワイス博士は、「**現世は、その宿命を少しずつ消滅させていくための学びである**」と言っています。

多くの災難も同様です。自然災害、交通事故、破産、失業、その他幾多にわたる災害の見知らぬ苦難が、闇の中で口を開けて待っています。しかし、それに直面しても、絶対にバタバタしてはいけないのです。泳げない者が、川や海で「もがけばもがくほど」沈んで溺れていくからです。

これらは皆、災難を受容できずに大自然の天命に逆らうからです。逆らえば逆らうほど、なお一層窮地に追い込まれ、事態を悪化させてしまいます。災難、病難を「仇《かたき》」のように考え、一生懸命に抵抗して、いくら頑張っても、勝ち目はないのです。その災難をまずは素直に受容して、次の対策を練るのです。

そして、自己を知ることです。自分と他人はまったく異なった宿命や、運命を背負っています。つまり、それぞれの人生コースが違うのです。そして、自分の行くべきコースをより良いものにしていく道案内が「**命理学四柱推命**」なのです。

それでは、「**命理学四柱推命**」では、どのような道案内を行っているのでしょうか。その一つは、人生にはさまざまな「強い圧力」があります。生活においても、仕事においても「嫌な強い制圧」があります。例えば、「これをしたい、あれをしたい」といっても、そこには規則がありますし、強い妨害もあります。

そこで「**命理学四柱推命**」では、ひと口に、「**強力な制圧に対しては、その間に漏洩《もら》させるのがよろしい**」と教えています。

では、「漏洩す」とはどういうことでしょうか。

例えば、あなたは樹木とします。樹木は岩石の上には育ちません。でも雨が降れば岩石から石清水《いわしみず》となって苔や草木を生じさせ、湿った土と化して樹木を育成させます。これを「命理学四柱推命」では、樹木を抑制する金（鉄岩石のことで、オカネではありません）から水を生じ、水が木を生じさせるといいます。

また、自分を金とします。金は強い火によって熔解されますが、土があれば、火は灰となり固まって土と化します。そして、その土は再び鉱石（金）を生み助けるのです。同じように、木は火を燃やし、火は灰になり土と化します。その土は、金を生じさせ、金（鉄岩石）は水を湧き出させ、水は木を育成させます。

それを一覧にしますと、**木《もく》→生《しょう》→火《か》**。**火《か》→生《しょう》→土《ど》**。**土《ど》→生《しょう》→金《きん》**。**金《きん》→生《しょう》→水《すい》**。**水《すい》→生《しょう》→木《もく》**となります。そこで現れているものは、**木《もく》・火《か》・土《ど》・金《きん》・水《すい》**と五つの星となっていることがわかるでしょう。つまり、天に煌《きら》めく、木星・火星・土星・金星・水星、これを「五行」と呼んでいますが、この「五行」については、あらゆる推命学に応用されますので、本書においてもその都度詳しく述べていきます。

話を元に戻しますが、「剛圧」や「攻撃」に対して「漏洩《もら》す」とは、敵と自分との間に、このように「緩衝《かんしょう》」するものを入れることです。

これを専門用語では、通関をするから「**通関神**《つうかんじん》」と呼んでいますが、破壊、制圧してくる圧力をかわすためには、自分との間に「緩衝《かんしょう》」地帯を設けて、敵からの直接攻撃を無効にする防禦の戦術です。

この「通関神」の方法は、いろいろな事態にも応用できます。相撲の「うっちゃり」といわれる妙技のようなものでしょうか。この技は今でもCMなどに出演されている「舞の海さん」の得意技として有名でしたが、若い方はご存じでないかもしれません。小兵な力士が大兵の力士に対して、右・左とかわしながら最後に勝利するあの妙技は見事なもので、多くのファンを湧かせていました。

厳密にいえば「緩衝」とは少しイメージが違いますが、強引に攻めてくる相手の力をまともに受けずに、かわして空《くう》を打たせる。つまり空が瞬間的ですが、緩衝の役目をし、敵がよろめくところを討ち取る戦法です。まるでスペインの闘牛のようでもあります。

また、油が火焔《かえん》となれば、消火するには水での制圧では駄目で、土を使用します。つまり、先に述べた火は土を生ずるので、土が「緩衝」となって、燃え上がる炎の力を抜き、減少させ消火するのです。

これを、国際社会でたとえてみると、我が国やアメリカは北朝鮮に対して強い抑止力の必要性を強調していますが、中国は、自国を守る緩衝地《かんしょうち》として北朝鮮を利用しているので、煮え切らない態度をとることや、北方領土に関して、米軍の展開を懸念し、その緩衝地を返還するのは困難とするロシアのプーチン大統領の見方などが該当するでしょう。

病気にも「緩衝」が必要です。焦ってバタバタしてはいけません、受容して医師の処方に従いながらも、宿命の転換を信じ、静かに治癒するのを待つのです。その穏《おだ》やかな時間が「緩衝」になるのではないかと思います。

また、災難といえども、運命には必ず「自然の変化」があります。閉塞した時世も、個人の運命も、同じことが続くものではありません。初めは苦しくとも、後に喜びが訪れます。この「変化」については、**「運命や時代には変化がある」**の項（42頁）で、詳しく述べたいと思います。

雨が降れば傘をさし、晴天を待つのです。

天命に従うとは、災害や逆境などの弾圧に直面した場合、それに抵抗しないで、流れに従って、まずは受け容れることです。その上で、「緩衝」するものを挟んで、その圧力を静かにかわしながら、好運のチャンスを待つのが、天命に従うことになるのです。

運命、運勢は、常に変化があります。今、悪運と思っても、時が過ぎれば好運に変わることが多々ありますから、焦らないことです。

2. 宿命と運命、運勢、そして天命との違い

「宿命」

「宿命」は、生まれた時からすでに決定されています。宿命の字は、「宿る命」と書きますが、命理学では、「帰宿の地」と称して、ここで生まれてここに帰るという法則があります。つまり、生まれてから死ぬまで、宿命は変えられないのです。

「運命」

「運命」は「命を運ぶ」と書きますから、自分を自ら運ぶことができるのです。

例えば、自動車を運転して走っているとします。これは、自動車で命を運んでいることになりますが、ハンドルを切り間違えば重大な事故に遭遇することになってしまいます。

人生も同じです。長い走行中には、信号もあり、障害物もありますが、前方をよく見て、障害物を避けながら運転して行けば、無事目的地に到着するはずです。

長い人生を歩むには、前方をよく見て進まねばなりませんが、それを案内してくれるのが、「命理学四柱推命」なのです。

人生は、このように運命を変えることができますから、気をつけて努力すれば、何も心配することはありません。

「天命」

これは本書での大きなキーポイントになります。

「『天命』とは、変えることのできない『宿命』と、変えることのできる『運命』との上に立って、宇宙から授かる作用をいいます」

「天命」は神秘的に聞こえますが、人間は一人ひとりの性格が違うように、持って生まれた「宿命」「運命」「力量」は、ハッキリと違います。

例えば、独立自営をしてはいけない「柔命」の人が事業を創業すれば、必ず破綻の憂き目に遭います。反対に、サラリーマンとしては物足りなく、しかも力量があり、独立自営に適する「旺命」の人がいます。

この「柔命」と「旺命」の人との違いは、「**第三章　天命のビジネス**」で詳しく述べますので、そこで「創業オーナーか、サラリーマン社長」であるかを判断してください。従来、四柱推命では、自己の星が強いのを「身強」、弱いのを「身弱」と呼称していますが、何か心身の強弱のように誤解されますので、本書では、意思の強い個人プレータイプの人を「旺命《おうめい》」、組織型で柔軟性のある人を「柔命《じゅうめい》」と呼ぶことにしています。

つまり、「柔命」と「旺命」の違いは、運がよければ、組織の中で出世していく人と、個人プレーとして発展していく人との違いです。この天命に適合すれば、吉運となり幸運を招き入れ、不適合であれば難渋していくことになるのです。

3. 身の強弱は、生まれた季節にも影響する

例えば、我の星（生まれた日の干支の干の五行）が木で、木が繁茂する春の季節に生まれたなら「旺命」となって水の養生が不要です。しかし、夏に生まれると水を欠かせません。その水が命式の中にあるのかないのか、あれば吉ですが、なければ水の運を待つのです。

また、我木が、秋冬に生まれたなら木は弱りますから、まず自分を強くするために仲間（同じ木）があって、さらに太陽の温暖を好みます。ただし、冬月に生まれて水が多くありすぎると木は浮いてしまいますから、太陽で乾燥させた山岳の土が必要になります。つまり、火と土の五行が用神（守護神）となります。

その他の星（五行）も、同様に判断していきます。つまり、我の星が季節的にも元気で、仲

間があれば強くなって「旺命」と呼び、反対に季節も喜ばず、仲間もなければ弱くなりますから、「**柔命**」となります。この場合、仲間（同じ五行）など、**扶助してくれる星が用神（守護神）**となり、用神が運に到来するのを待ちます。その運を吉運と呼び、その運中には、健康にもすぐれ、仕事や財運もともに大変発展することになります。

「**旺命**」の人は、逆に扶助しない星（五行）、つまり、我が力量を使う創意工夫の星や、財星、仕事・名誉の星など、**労力による星を用神（守護神）**とします。そして、その運が来たときが吉運となり、逆に我が身を助けたり、自分がなお強くなったりする運は孤独となり、よろしくない運となります。

季節的に五行が強くなる季節を挙げておきます（註：生まれ日が自分の星です）。

甲乙《きのえきのと》の木星の人――二月・三月・四月の春月
丙丁《ひのえひのと》の火星の人――五月・六月・七月の夏月
戊己《つちのえつちのと》の土星の人――五月・六月・七月の夏月と四月・七月・十月の土用月
庚辛《かのえかのと》の金星の人――八月（中旬以降）九月・十月の秋月
壬癸《みずのえみずのと》の水星の人――十一月・十二月・一月の冬月

「五行」には、互いに育成する十干の関係と、逆に抑制する干があります。互いに助け生じさせる十干を「**相生**《そうじょう》」と名称し、制圧する五行を「**相剋**《そうこく》」と名付けています。詳しくは「第二章　6．（イ）五行の相生、（ロ）五行の相剋」をご参照ください。

4．運命式

ちなみに、四柱推命は文字どおり、生年月日時の四つの柱で構成されています。それを運命式と呼んでいますが、その命式の作成と意味するものを以下に記します。

まず、パソコン（以下ＰＣ）やスマートフォンで「四柱推命運命式作成」を検索すれば、あなたの生まれた年、生まれた月、生まれた日、そして生まれた時間がわかれば記入すると、「四柱推命の命式」が直ちに判明します（従来では万年暦の分厚い表を使って作成していました）。

そして、各柱の上が十干《じっかん》（甲乙丙丁戊己庚辛壬癸）となり、下には十二支《じゅうにし》（子丑寅卯辰巳午未申酉戌亥）のいずれかが表明されます。

なお、上にある十干を天干《てんかん》と呼び、下にある十二支を地支《ちし》と称しています。

例えば、二〇一九年四月一〇日午前一一時に生まれた人は、次のようになります。

生年　二〇一九年　己（つちのと）亥（い）
生月　四月　戊（つちのえ）辰（たつ）
生日　一〇日　丁（ひのと）丑（うし）
生時　午前一一時　丙（ひのえ）午（うま）

☆生年月日の各柱が表すもの

四柱については、各々次のような性質を持っています。

生まれ年――先祖、祖父母、故郷を意味します。

生まれ月――家、父母、兄、姉、目上の人を表わします。

生まれ日――天干（上）は自分の星とし、下にある地支は配偶者とします。

生まれ時間―子供の場所であり、自分の晩年とも見ます。

このようにして「運命式」が出来上がります。

以上のように、四柱推命学は、生まれた年・生まれた月・生まれた日・生まれた時間の四つの柱から構成されるので、日本では四柱推命と名づけられたのですが、元の名前は「命理学」

といいます（四柱推命という名称は古来中国にはありません）。

☆運命式各柱の吉凶

（1）生まれ年が自己にとって良い干支であれば、先祖等の恩恵があると見ます。

（2）生まれ月に好む星があれば、家や父母、兄姉、そして目上の人に恵まれます。

（3）生まれ日の上にある十干は、自分（我）の星となり、その下側、つまり十二支は、我の配偶者であり、喜ぶものであれば、配偶者は賢美で我の助けとなります。

（4）生まれ時間は「帰宿《きしゅく》の地」と称して大変重要です。つまり、この柱に喜ぶものがあれば、賢く健全な子孫に恵まれ、かつ晩年は大変楽しいものとなります。また、幼少期における身体の強弱を判断することもできます。

生まれ時間を知らない日本人は多いのですが、生まれ時間は重要です。生まれ時間がわかれば、死に方もわかるほどです。こんなことをいえば、かえって生まれ時間は知らないほうがよいと思う人もいるでしょう。

以上のように、それぞれの柱に好むものがあれば吉となりますが、その反対は凶となり、何の恩恵もなく、かえって困難を及ぼすのです。

☆生まれ月の影響

生年月日時のバランスによりますが、**特に注意してほしいのは、生まれ日（自己）と生まれ月との関係です。**これはその気候によって影響があるからです。

例えば、「命理学四柱推命」では、**生まれた日を自分の星とし、**生まれた月が冬であれば、冷え性の人が多く、健康面は腎臓に留意することとなり、夏に生まれた人は、火が多ければ循環器など心臓に注意を要することになります。

（※「第三章　天命のビジネス　5．健康の秘訣」で、詳しく述べますので参照してください）

本書では、例としてあげている運命式には、十二支に含まれている十干はどれにあたるかを、四柱推命に馴染みのない読者でも判明できるように、十干・十二支に木・火・土・金・水を添えて示しています。

その運命式の中で、木火土金水（五行）のどの星が強いのか、特に自分（我）の星は強いのか、弱いのかをみることが大切です。つまり、「旺命」か「柔命」になるかです。

5. 十干《じっかん》とは何か

十干について

十二支はよく知られていますが、十干は日常あまり使われていないので、「これは何だ？」という人も多いかもしれません。しかし、大変重要なものです。

例えば、二〇一九年は、亥（い）年ですが、上に己（つちのと）という十干が乗って、己亥（つちのと・い）年となるのです。

十干とは、甲《きのえ》、乙《きのと》、丙《ひのえ》、丁《ひのと》、戊《つちのえ》、己《つちのと》、庚《かのえ》、辛《かのと》、壬《みずのえ》、癸《みずのと》、の十種類です。

特に生まれ日の十干は、自己（我）の星となり、あなたの性情や、友人など他人の性格も知ることができます。

☆十干の陰と陽

五行（木火土金水）を陰と陽に分類すると、合わせて十の干ができますので、十干と呼びます。十干の五行は、天の気を象徴しているので、これを天干と呼んでいます。陽干は剛で、陰干は柔として見ます。また、陽干を兄、陰干を弟と呼び、甲は木の兄であるから「キノエ」と呼び、乙は弟であるから「キノト」といいます。

その末字の「エ」と「ト」を合わせていわゆる「エト」となります。俗に言う「干支（エト）」という言葉です。

十干五行の種類とその意味は、次のとおりです。

木の　兄（え）甲（きのえ）　棟梁の木、または灌木として考え**陽の木**。
　　　弟（と）乙（きのと）　藤蘿《とうら》の木、または草木として柔木で**陰の木**。

火の　兄　丙（ひのえ）　太陽として考えて、**陽の火**。
　　　弟　丁（ひのと）　薪炭《しんたん》の火、または華燭の火として、**陰の火**。

土の　兄　戊（つちのえ）　山岳の土として、**陽の土**。
　　　弟　己（つちのと）　田園卑湿の土、湿土として、**陰の土**。

金の　兄　庚（かのえ）　鉱石として、また掘り出した鉄として、**陽の金**。
　　　弟　辛（かのと）　貴金属とし、形のできた金属類で、**陰の金**。

水の兄　壬（みずのえ）　大河の水、江湖の水として、**陽の水**。
弟　癸（みずのと）　雨露の水、適水として、**陰の水**。

このように十干にも、陰と陽がありますが、実際に我々の人生や、一人ひとりの性格に当てはめて考えれば、次のようになります。

☆すべて人生には、主役と脇役がある

以上、すべてに陰と陽があります。つまり、男女があり、兄弟があり、また、何をするにしても、主役（陽）と脇役（陰）があります。例えば、夫が会社で働いて収入を得ていれば、夫が主役で妻が脇役となり、台所で食事の準備をする時の妻は主役（陽）で夫は脇役（陰）になります。

会社では、社長が主役で、社員は脇役です。このように何をするにしても、主役と脇役が必要で一人では何もできません。しかし、会社や組織の場合は、代表者（陽）が立派でも脇役（陰）が悪ければ会社の経営は傾きます。また、総理大臣が優れていても、閣僚の一人でも汚職などで摘発されれば、内閣の足を引っ張ることになってしまいます。

　ある日、某中堅設営会社の社長から経営相談があった際に、主要な幹部社員の生年月日を提示してもらい、それを鑑定した結果、側近の専務に大きな疑惑が浮上しました。その裏付けをとるために、専門家に調査してもらうよう依頼したところ、非常に深刻な問題が発覚したことがありました。会社の経営を左右するような人事問題は、大変重要な課題です。

☆我生まれ日十干の性情は

　生まれた日の干が、自分の星（我）になりますので、生まれ日はどのような性格を持つのか知ることができます。ぜひ検証してみる価値があります。

　ただし、その人の性情を知るためには、四柱八字、つまり、生年月日の四柱に、天干（十干）の四文字と地支（十二支）の四字のバランスをみることが基準ですから、生年月日全体の組み合わせを無視してはいけないのは当然です。

〈甲の人〉

　性質は温順で篤実です。また、寡言で思慮が深い人です。棟梁の木に該当しますから一本気な点があります。旺命で丙火＝火を持つ人は発明の気があります。命口に月神（守護神）を持つ人は、行動的であり気概があります。

〈乙の人〉

活動的であり努力家です。しかし、柔命の人は気苦労性です。柔命でも身が強くなると言いたいことを言います。性質は平均にして感受性が強く、凝り性です。体格は大きい人と割合に小柄とがありますが、筋肉筋のタイプが多いです。

〈丙の人〉

太陽の気ですから、比較的華美を好みます。そのため綺麗好きの人が多いです。陽気が充満するときは溌剌《はつらつ》としていますが、お天気者で意思がくじけやすく、変化しやすい性分です。旺命で用神（守護神）があると、行動的で知的です。この日に生まれる人は、朝の弱いタイプが多いです。

〈丁の人〉

万事に用意周到のタイプで計算高い面があります。そのため、一見温厚に見えますが、用神（守護神）のない命は積極性が乏しく、環境が変わると慣れるまでに時間がかかります。また、自己中心的な面があり、少々くどいところもあります。女命は玉女（第四章参照）となりますから、理知的ですが、縁の難しい人が多いです。健康面は、柔命で低調運の時は貧血か偏頭痛や眼目が弱い人があります。

〈戊の人〉

正直で一徹ですが、少々片意地で融通性がなく、小回りが不得手な人が多いです。ですから、一つの事柄をコツコツと研究するとか、一業に徹すると伸展します。

女命は、対人関係に愛想の良い人が多いですが、朝が弱く、健康面は、男女とも、胃弱の人が多いです。

〈己の人〉

何事も注意深く規律正しい人ですが、やや度量の狭いところもあり、疑心を生じやすい点があります。田園の土に該当しますから、清濁の水を合わせて飲む情があるために、いやと言うことができず、損をする人が多く、奉仕型ともいえます。

運命式に水が大過しますと冠水して凶となり、人格や健康が劣る人となります。土の日に生まれた多くの人は、胃弱であることが多いようです。

〈庚の人〉

鉱金に該当しますから、性質は素直ですが頑固です。しかし、外ではよく気を配り、競い合うと遠慮する人が多いです。金星は、「命理学四柱推命」では改革を司《つかさど》るものですから、何事も改める気風があります。ただし、用神（守護神）のない人は気性の変化が早く、気を病む人が多く見られます。特に、用神のある女命は美人が多く、品格があります。健康面は、腸系統と気管系の弱い人がいます。

また、この日生まれの人は、肩幅が広い人を多く見ます。特に、一般的に骨格がしっかりしている人が多いようです。

〈辛の人〉

満足感が乏しく、悔恨の情が深いです。女命は口数多く一言《ひとこと》多くて損をしますが、男命は逆に一言少ない人が多いようです。

用神（守護神）のない人は、物事に偏見を持ち、用神のある人は、知的で行動的で改革を求めます。健康面は、冬に生まれて周囲の五行に水の多い人（金寒水冷冬）は、気管系と腸系を損ないがちで、脱腸とか痔の病によく罹ります。また、ヘルニアなど腰痛の持病がある人を多く見ます。

〈壬の人〉

大河の流水ですから、一度流れると止まらない。つまり進取の気概がありますが流れ放しとなり、締めくくりができないタイプが多いです。また、この日生まれの人は涙もろく、一見情がありますが、言いだすと引かないところがあります。したがって、丁火日生まれと同じく自己中心的に振る舞おうとします。

ただし、用神（守護神）のある人とない人とでは、かなり性質が違います。用神のある人は勇気があり度量も大きく、ない人は意思が弱く積極性が乏しくなります。そして環境にも慣れにくい欠点が現れます。

〈癸の人〉

大体において勤勉努力型で物事を推測することを好みます。癸日生まれの女性は、しっかりとして、顔に似合わずはっきりとしたもの言いをする人が多いです。反対に男性は、少々女性的で優しい人がいますが、癇癪《かんしゃく》持ち（気が短い）の人を多く見受けます。癸日生まれの人は、一般的に童顔の人が多く、高齢になっても年齢よりは若く見られるようです。

以上、我が師・故塚脇雍山氏のテキストを参考に、筆者の看命の経験を交えて、十干の性情を述べたので必ず役に立つと思いますが、これのみで判断するのは早計です。四柱八字つまり生年月日全体で論ずる必要があるからです。

6. 十二支とは何か

十二支は、年の初めの年賀状に、その年にあたる動物の絵をよく描き入れてありますが、実は、子がネズミ、丑が牛、寅が虎というように動物を表しているわけではありません。これは恐らくインドの説で、仏教の伝来とともに移入されたものと言われています。

本来は、農作物の発生と季節を意味し、万物の発生、繁茂、成熟、伏蔵の過程を示しているのです。そして陰陽の消長する順序を、昔は一月・二月……などと呼ばずに、丑月・寅月・卯月……と十二の段階に分けて呼んでいたのです。

これは、農作業に適用するがためです。ですから、その月の気候が大変重要になるのです。

十二支語源の知識にも値しますので、下記を参考にしてください。

冬	亥	十一月	閡	とじる	万物が凋落してその生命力が種子の中に閉じこもる。
	子	十二月	孳	ふえる	万物の新しい生命が多く分裂して増産される。
	丑	一月	紐	むすぶ	新しい生命力が、種子の中で萌芽し始めようとする。
春	寅	二月	螾	うごめく	万物が発生してくる。
	卯	三月	茂	しげる	草木が発生して地面を覆うようになる。
	辰	四月	振	ふるう	万物の形が整って活力が盛んになる。
夏	巳	五月	巳	やむ	万物が繁茂の極に達して、成長を止むことを示す。
	午	六月	忤	さからう	万物が実を結んで、衰微に向かわんとする。
	未	七月	味	あじわう	万物の滋味（うま味）が生ずる様を示す。
秋	申	八月	坤	うめく	万物が締めつけられて、硬化することを示す。
	酉	九月	緬	ちぢむ	万物が枯れ始めることを示す。
	戌	十月	滅	ほろびる	万物がことごとく枯れて、滅びる有様を示す。

このように十二支は、農作物を中心とした、大自然の過程を示しています。また、我々現代人でも、午（うま）の時刻を馬ではなく午（ご）とし、お昼前は午前で昼後を午後と呼んで午の字を利用しています。つまり、PM十二時午（うま）の刻は、太陽が一番上に上がっていますが、その後下るから昼下がりの午後となるのです。

子（ね）の刻も同様です、子の字は完了の了と、始の一を合わせたものです。つまり、子（ネ）の刻はネズミではなく、午前0時を表し、夜の終わりから朝の出発を表しているのです。

この十二支は、時間だけではなく、月日も気候も表しています。

以上のように、十干も十二支も、草木の発生・繁茂・成熟・伏蔵の過程を、十干は十個の段階に分け、十二支は十二の段階に分けて農作物が発育する過程から類推された、陰陽思想の応用とみるべきだと思われます。これは農耕民族である大自然・宇宙を崇める日本人としての、誇りあるDNAを受け継いでいるということを自覚するものです。

7．占いと四柱推命

筆者を占い師と思ってか、若い女性から「先生、占いをしてください」といわれることがよくありますが、「私は一般的な占いはしていません」と答えると、当然驚かれます。

ひと口に占いといっても、膨大な数があり、またやり方も多種多様です。古典の占いには、動物占い、植物占いなどがありますが、日本でも昔から、歌占い、水占い、手相、人相、足占い、鳥占い、投げ占い、辻占い、くじ、星占い……と、挙げたらきりがありません。今はタロット占いなどのカード占いが人気のようです。

そのほか、専門的知識を要するもので、手相・人相・骨相・地相・家相……と古今東西さまざまです。

筆者も専門家として「命理学四柱推命」による運命鑑定や、家相、地相、風水等を鑑定していますが、同じ要件や物件であれば、いつ鑑定しても変化はありません。しかし、一般的に占いと称するものは、二回すれば、一回目とは違った結果が出るのは至極当然です。良い答えが出るまで何回も占う人もいますが、そこに迷いが出て、不幸な落とし穴にはまる危険性もあります。

本書は、他の占いと異なり、格が違う運命学の王様といわれている「命理学四柱推命」を取り上げていますが、中国原書の「命理学」を特に主眼に置きながら、筆者の鑑定データを加味しています。

「命理学四柱推命《めいりがくしちゅうすいめい》」は、古代中国で、森羅万象（大自然）を観察し、陰（マイナス）と陽（プラス）、そして五行（木火土金水）のバランスを元にして、生年月日から生まれた人の命運を推察する方法です。

中国では、「子平学《しへい》」「算命学《さんめい》」「命学《めい》」「命理学《めいり》」「八字《はちじ》」などともいわれますが、「四柱推命《しちゅうすいめい》」という呼称は、くり返しになりますが、中国原書には見当たりません。「年柱」「月柱」「日柱」「時柱」の四つの柱でみるので、阿部泰山氏の著書から阿部泰山流四柱推命と称して日本独自のものとして発展したようです。

筆者も初学の時は阿部泰山流でしたが、師匠である塚脇雍山先生（故人）から、真の命理学を学びました。本書で活用している文献は、最古で、命学の祖といわれる南宋の徐子平《じょしへい》の著書を軸に、一五〇〇年の明代、一七〇〇年の清代から一九〇〇年の中華民国に至るまで種々の著作を取り上げています。

それに『窮通宝鑑《きゅうつうほうかん》』『滴天髄《てきてんずい》』などを加えて学び、「命理学四柱推命」として記《しる》したものです。

こうした書物は、研鑽に何年もかかり、難解とされていますが、命理学は、日常の大自然である法則から発生したものです。その根本である陰陽五行の法則を知れば、自ずと理解できるでしょう。

本書は、どなたにも理解していただき、さらに、直ちに鑑定できて、しかも生涯にかけて誤

りのないライフスタイルを構築していくためのものなのです。

8．運勢の波

「あのときは良かった、本当についていた。何をやっても調子が良かった」

「あのときはまったくツイていなかったなあ。何をやってもダメだった」

よく聞かれる言葉です。

人はだれでも、やることなすこと、すべてがたいした苦労もなく、面白いほど思いどおりにいくこともありますが、往々にして、何をやってもうまくいかずに苦労ばかりすることが多いものです。

「運勢」とは、文字どおり運の勢いがあるときと、衰退するときがあります。また、山のような大波の後は海底に沈むほど深い谷もあります。

9. 楽しい努力と苦しい苦労

運勢のよい人は、何の苦労もなくごく自然に調子よく進んでいくものです。政治、経済、商業、技術、農業、工業など、それぞれの分野で活躍して成功した人たちは、必ず運と努力の賜物だと言います。そこには「辛苦」の文字はありません。

つまり、心身ともに苦しみながら励んでいるのではありません。すぐれたマラソン選手が、ひたすらゴールに向かって走り続けているのと同じです。他人から見れば、大変苦しんでいるかのように見えますが、当人はとても楽しんで、とにかく懸命に、目標に向かって努力をし続けているのです。

「苦」という字は、どうにもならない貧苦、病苦などで使います。このような苦は、運勢の衰退のときで、何をしても、どのように努力しても、抵抗しても、勝つことはできません。

台風が猛威を振るっている最中に外出すれば、吹き飛ばされます。台風が収まるまで静かに待つしかありません。同様に、落運も災害も、いつまでも続くものではありません。運勢には必ず変化がありますから、つまらぬ心配は無用です。

10．「命理学四柱推命」は大自然の法則

我が国には四季の循環があり、春夏秋冬によって気温の変化があります。春は樹木が盛んとなり、夏は暑く水が恋しくなります。秋は収穫の喜びがあり、冬は寒いので暖が必要となりますが、春の出発のための準備が欠かせません。

この気候の変化には、昔の人は体験のみで空を見上げて天気を予知していましたが、現在は宇宙から観測するのでその正確さは驚くほどです。しかし我々の運命に関しては、近代科学でさえも、予知は不可能と考えられています。

『窮通宝鑑《きゅうつうほうかん》』という古書によれば、自然界も人間の運命の法則も、生命としての運行の関わり合いは同じであると解明されています。となると、人間一人ひとりの運命もわかることになるのです。

例えば、どのような年に生まれて、春夏秋冬のどの季節に生まれたのか、さらに生まれ時間は朝昼夜のどの時間帯か、そして、生まれた日との関係はどうであったか、という具合に綿密に判断していくのです。驚いたことに、古代中国の殷の時代（紀元前一六〇〇～一一〇〇年）の遠い昔に、帝王学として応用されていたのが、この運命学の母体になったといわれています。

11. 運命や時代には変化がある

運命も社会も地球も、そして宇宙も毎日変化し続けています。

「命理学四柱推命」は、主として自己の個性と力量を知り、折々の運勢を見ながら幸運な人生を歩んでいくための学問です。しかし、私たちの運勢と同様、社会情勢も刻々と変転して止《や》まないのを無関心でやり過ごすことはできないのです。この「変化」を自覚し、これに適応する手段を選ばなければなりません。

「命理学四柱推命」と同様に、この「変化」を最も重要視する思想学問に『易経』があります。「命理学四柱推命」は、古代中国より発生した叡智ある、陰陽五行から始まり十干十二支を根幹とする思想で、人の誕生、つまり生年月日時を配置し、命式を作成し、個性、適職、運勢等の天命を知る学問です。

一方、「易学」は、『易経』の中にある教訓を元として、その時々の天声を聴聞しながら、最善の行く道を見極める古代中国の学問ですが、陰陽から発生した「命理学四柱推命」の母体となるもので、命理学以前の中国古来の東洋学問です。つまり、思想的には大先輩にあたりますので、少し触れておきたいと思います。

『易経』は、今から三千年前の中国・周《しゅう》の時代（紀元前一一〇〇～前七七〇年）に完成されたものであることから、「周易《しゅうえき》」とも呼ばれています。

「易《えき》」という字は季節によって変わる「とかげ」の象形文字ともいわれ、「易《かわる》」とも読まれています。つまり「変化する」の意味が込められて、「命理学四柱推命」と同様に「変化」の道理を重点的に教えています。

「易」は別名「八卦《はっけ》」とも呼ばれていますが、「当たるもハッケ当たらぬもハッケ」とは意味が違います。「四書五経」にも入っている千古不変の経典といわれる思想学問です（四書とは、儒学の四種類の書籍『大学』『中庸』『論語』『孟子』のことで、五経は儒教の五つの経典、『易経』『書経』『詩経』『礼記』『春秋』をいい、漢代からの経典です）。

相撲に「はっけよい」という行司のかけ声がありますが、これは「ハッケが良い」ということなのかもしれません。

世界は経済・社会情勢共に流動が激しく混沌としていますが、個人の運勢だけでなく社会情勢も加味しながらその都度右往左往することなく、いかに考え、また対処するのかを、昔の人は「易経」から学んでいたのでしょう。

武田信玄の旗印「風林火山」も『易経』からの引用です。その他有名人の「座右の銘」にもよく使われています。初代中華民国総統の蒋介石の名前は、易から「岩石より強固」という意味が込められているそうです。

「命理学四柱推命」では「変化」を重要視していますが、それよりはるか昔に発生した『易経』の中にも、すべてに「変化」があることを、最も重要な課題として説かれています。これは、「命理学四柱推命」ととても深い関係にあります。

『易経』に出てくる「変化」についての「人間訓示」に、有名な寓話がありますので紹介しておきます。

ある中国国境の近くに父子の一家が住んでいました。その人が大切に飼っていた馬が突然逃げ出しました。しかも国境を越えて他国に行ってしまいました。どうすることもできません。

近所の村人も、大変気の毒に思い、見舞いに来てくれました。

しかし、被害者の父親は平然として「なに、これがかえって幸運になるかもしれませんよ」とはっきりと言い切るのです。

それから数か月が経過したある日、逃げていた馬が無事に帰ってきました。さらに良いことに駿馬《しゅんめ》を連れて来たのです。そして一家には駿馬が増えたのです。

もちろん村人はお祝いに来ましたが、父親はまた言いました。

「なに、これが災難になるかもしれませんよ」と。

その後、乗馬が好きな息子は、新しい駿馬を乗り回しているうちに落馬して、足を骨折してしまいました。

当然、友人たちは見舞いにやって来ました。そこでまた、父親は言うのです。

「なに、これがかえってまた幸運につながるかもしれませんよ」と。

それから一年ほどして、戦争が起き、村の若者の多くは戦いに駆り出され、ほとんどが戦死してしまいました。

しかし、息子は、足の怪我のおかげで戦争に行くこともなく、親子揃って平和に暮らしていました。

という話です。

これは、『易経』の中にある「変化」の教訓ですが、「命理学四柱推命」の教える「変化」と同様ですから、例として挙げました。

いかに苦難が続いていようとも、必ず幸運な変化が訪れてくる。また、いかなる幸運が起きても、衰退するときが必ずやってくるという注意書です。

少しニュアンスは違いますが、「楽あれば苦あり」「楽は苦の種」「苦は楽の種」というものもありますよね。

12. 宿命、運命、運勢、そして天命の流れ

このように、持って生まれた宿命と、生命を運搬する運命があり、その上に作用となる天命があります。したがって自分の適する職業を求めることが、いかに大切かがわかります。

また、それに「運勢」が加わることも見逃せません。

「運勢」は、運命と異なり、自らが最も適応した運の強弱の波に乗って切り開いていく、波乗りのようなものです。「運勢」の波は毎年変化がありますが、大きな波は十年続きますし、もっと大きな運の波は三十年あります。これを「命理学四柱推命」では、「大運《だいうん》」と呼んでいます。

大運については、「第八章　運命式の見るポイント」で詳しく説明しますが、毎年まわってくる流年運と、○歳～○○歳までの十年間という大運があります。大運は十年単位になっていますが、そのグループになる10×3の三十年間は最も大切です。

このグループの三十年間を、わかりやすく季節として考えると、

冬は十一月の初冬・十二月の仲冬・一月の晩冬。

春は二月の初春・三月の仲春・四月の晩春。

夏は五月の初夏・六月の仲夏・七月の晩夏。
秋は八月の初秋・九月の中秋・十月の晩秋。
とそれぞれ三か月にわたります。

これを気候と五行（木火土金水）に照らして分けますと、

冬の十一月（亥月）・十二月（子月）・一月（丑月）の三か月は寒冷で、「水気」が最も強い時です。これを北方水垣《すいえん》と呼び、水性の最も強いグループです。

春の二月（寅月）・三月（卯月）・四月（辰月）の三か月は、温暖で、「木気」が繁茂の時です。これは、東方木垣《きえん》と呼び、木性が旺ずるグループです。

夏の五月（巳月）・六月（午月）・七月（未月）の三か月は、炎暑で、「火気」が一番盛んな時で、南方火垣《かえん》と呼び、火性の強いグループです。

秋の八月（申月）・九月（酉月）・十月（戌月）の三か月は秋冷となり、「金気」が強くなります。これは、西方金垣《きんえん》と呼んで、金性が強いグループです。

「土気」は五月（巳月）・六月（午月）・七月（未月）の夏と同様に乾燥の時季に属します。

このように、十年間を一運とする大運を、三運のグループ運に加えると三十年間の大運になります。つまり、三十年の六運は、各々の五行（木火土金水）のグループに分けられているのです。ですから、木の強くなる大運（寅卯辰）、火の強くなる大運（巳午未）、土の強くなる大運（巳午未と辰戌の土用）、金の強くなる大運（申酉戌の金と丑辰の土）、水の強くなる大運（亥子丑）、と見ていくことになります（丑辰は湿った土。戌未は乾燥した土と見ます。また、土用は七月のみでなく、年に四回あります）。

（註：大運の見方は、「第八章　運命式の見るポイント」で詳しく説明します）

「命理学四柱推命」の鑑定では、生年月日時、つまり命式の中で、木火土金水の最も何が欲しいのか、何を忌み嫌うのかを見定めていくのが重要となります。例えば、「水気」を必要とする夏生まれの人は、水のグループの亥子丑（北方水垣という）の大運の三十年間が、健康も運勢も吉運となります。逆に火の大運（巳午未）であると好ましくなく、特に健康に注意を要します。

これを専門的には、「調候用神《ちょうこうようじん》」といって気候を調節する運を求めるものです。

その他、命式五行のバランスにより、この命式は何を欲して何が不必要なのかを推察した上に、喜ぶ星が用神（守護神）となります。そして守護神が強くなる大運が吉運となります（詳しくは、「第八章　運命式の見るポイント」を参照）。

よく麻雀やトランプなどのゲームをしながら、多くの人が「ついている」「ついていない」とかつぶやいている場面がありますね。これなどは小さな波といえるでしょう。もちろん、「運勢の法則」そのものではありませんが、関連性はあると思います。

ここで、読者の中から、次のような質問を受けるかもしれません。

「宿命とか運命は、なぜそんなに不公平にできているのか。不運な人々にとって神や仏はいないのでしょうか？」と。

参考までに、その道の専門家である、米国精神科医のブライアン・L・ワイス博士の著書『前世療法』『未来世療法』（山川紘矢・山川亜希子訳　PHP文庫）を左記に引用させていただきます。


「人間が死後に、天国界や極楽界に居る、逆に地獄界に落ちる者。又、この世では幸せな生活を送る人、反対に苦しむ者。これはけっして神よりの報酬や罰ではありません。すべては、自分の霊質に合致した意識と過去からの記憶そのままなのです。それは、魂が現世から死後へ、又今生へと永遠に継続して行くのです」

「では、その魂とは何でしょうか」

「肉体に宿した霊と同じことです。そして肉体と結びつく以前は、不可思議な目には見えない霊界に住む存在ですが、肉体に入ってからは、今までの宿業を浄化していきます。その浄化は一度ではできないから、何度でも肉体に宿りながら輪廻転生して、霊の向上進歩に努めるのです」

この輪廻転生は、「命理学四柱推命」でも、「第七章　4．あなたの十二運はどこから始まり、どこで終わるのか」で述べますが、今が一番大切であることがわかります。

今生に与えられたわずかな時間をいかに有効に使うか、そして人はもとより、大地や草木も動物にも、思いやりを深めることが、高い次元へと未来につないでいくべき「天命」なのだと思っています。

例えば、あなたが今の仕事を「いやだ、嫌だ」と言いながら仕事を続けているとします。

では、なぜその仕事を続けているのですか？

実は、この嘆きの中に、あなたの天命が秘《かく》されているかもしれないのです。

「いやだ、おもしろくない」と思いながらも、辛抱強くやり続けている仕事こそが、自らの秘された天命と見てもよいのです。

近年、「プラス思考」をテーマにした書籍が多く出版され、ブームになっています。それ自体は大変結構なことですが、そこには落とし穴が隠されているのを見逃せません。

命理学では、「陽（＋）が重なれば陰（－）に変化する」とあります。つまり、プラス思考を思えば思うほど、マイナス思考が突出してくるのです。

例えば、船が全速力で走れば走るほど波の抵抗が激しくなります。その抵抗をいかに乗り越えていくかが、船を操《あやつ》る船長の課題となります。また、振り子の原理を見てみましょう。プラスの方向へ強く振れば、逆のマイナス方向へ同じ強さで戻ってきます。

同様に、「プラス思考」により、うまくいくと信じていたことが、真反対の状況になれば、信じていた分と同じくらい落ち込むことが理解できるでしょう。このように、夢想の旅が、ただの悲劇に終わってしまう危険性をはらんでいるのです。

情熱だけで成功することはありません。

目標に向かう、その人の持って生まれた宿命と運勢の強弱が、大きく左右します。だから天命から戴いた役目に従うのが幸福の近道なのです。

「私には才能なんて何もない！」という人がたくさんいます。とんでもありません。人間、いやペットでさえも、才覚がなければ生きてはいられないのです。

あの「忠犬ハチ公」もそうです。犬でありながら人間並みの忠義の心を持つという才能に、人々は感動し、銅像まで建立したのです。現代では、盲導犬や警察犬、その他にも才能のある犬が活躍していて、本当に素晴らしいものです。

しかし、我々人間はどうでしょうか。宿命といっただけで、眉をひそめる人もいます。「すべてが論理的で、理性がある」と思っている人は、非科学的だと疑惑の念を持ちます。そんな人ほど、かえって内面は、心配、悩み、不安の鬱《うつ》に苦しんでいるのです。

平和な日本の生活でさえ、このように、幸福を実感できずに苦しんでいる人が、多少でもいることは大変残念なことだと思います。

さて、いよいよ次章からは、実際に「命理学四柱推命」の鑑定でもたらされた、人生にもっとも参考になる諸問題の法則を具体的に述べていくことにします。

第二章

運命のいたずら

メッセージ

ライフスタイルが一家を変える

子の問題

親の問題

天敵の天敵を求めなさい

父親は財

思わぬ僥倖にはブレーキを踏もう

1. 夫婦の相性問題

恋人同士が、「結婚相手として彼との相性はどうでしょうか?」「うまくやっていけるでしょうか?」と、相談に来ることがあります。あるいは、お見合いの相手に「この女性はどうでしょうか?」とご両親からの相談が常にあります。また、どこかの「占い師に見てもらったら凶だと言われたので」というようなものまであります。

筆者は、トランプ占いや気学占いはしていませんが、気学による方位・家相・風水、あるいは名付けはしています。よって、気学による運勢や相性は看ておりません。

気学は元来学問的ですが、「一白水星に生まれた人と二黒土星の人は互いに攻め合っているから相性が悪いだとか、三碧木星の人と一白水星は助け合いの相性だから良縁だ」などと安易に占うのは簡単ですが、大きな間違いを犯す恐れがあります。

過日も、ある両親が来られて、「うちの娘の縁談相手について、ある気学の鑑定師に相性を見てもらったところ、相性が悪いと言われ、破談にしましたが、何かすっきりしないものがありまして、あらためて先生に鑑定してほしい」との依頼がありました。

早速相手の命式を出して鑑定した結果、「相手の男性は素敵な青年です。職業もまったく問題ありませんし、相性もよい。できることなら、是非もう一度縁談を見直し、進めてください」と伝えました。両親は、何か感じることがあったようで、「やっぱりそうでしたか」とがっくりと肩を落とし、大変残念そうでした。

相性や縁談を看るのは、その人の生涯にも関わりますので、鑑定者の責任は甚大です。決して趣味やお遊びで鑑定などしてはいけないのです。

さて、筆者の鑑定法は、まず相手の人格と運命を診断します。いくら相性が良いといわれても、女性からの場合、相手が悪命（だらしがなく飲酒やパチンコに没頭したり、職業が不安定、仕事をしないなど）であれば一生不幸になります。これは、すべて運命式に現れます。

その他、男女を問わず、宿命としての命式に、将来、離婚・離別・死別など、不幸になる要因や疑いがあれば、いうまでもありません。

また、鑑定方法の説明は多岐にわたるので、大変慎重さを要求されます。ここで一部分のみの例を示すことは、現在夫婦円満の方にとって害を及ぼす危険性もあるので割愛させていただきます。

いずれにしても、夫の命運、妻の命式は大切です。命運の良い夫を持つ女性は極めて幸せです。女性は男性次第ということもあります。また、男性も妻次第です。夫の命運を助ける女性は良妻賢母です。「妻のおかげでここまでになった」という事業成功者も少なくありません。

このような女性は素敵ですね。

先日も、ＢＳ朝日のテレビ番組『昭和偉人伝』で、京浜工業地帯を開いた、浅野セメントの創業者・浅野総一郎氏の不屈の事業家を支え、苦労を共にした妻サクの熱い物語に触れて感動しました。明治から昭和にかけて、日本の産業を発展させた大事業家も、良妻で働き者のパートナーがあってこそと、物語は結んでいました。

また、織田信長の時代で歴史上の人物ですが、山内一豊の妻、千代の内助の功は有名で、良妻賢母をたたえてまず名が挙げられる女性です。

その逸話の一つとして、織田信長が馬揃いのイベントをする前に、山内一豊が城下で商人の売る見事な駿馬を見かけたが高額で買う金がない。そこで、妻千代は、残念がる夫に大金を差し出したのです。この金は、母から嫁入りの際にもらった金で、夫の火急の折にとタンス預金をしていたのです。そして、山内一豊はその駿馬を手に入れることができて、馬揃いのイベントに出品し、信長の歓心を買い、出世の糸口をつかんだといわれています。これは良妻賢母の鏡として今も言い伝えられています。さらに千代の活躍は続きますが、貧乏武士が妻の内助の功のおかげで最終的に一国の太守となったというハッピーストーリーです。

やはり妻の内助の功は素晴らしいものです。

2. 子供の出産はいつがよいのか

「良い年は」

「いつ子供を産めば最もよろしいでしょうか?」という問い合わせも、夫婦お揃いでよくある相談です。

天命で子供を授かるのですから、贅沢はいえませんが、統計的な損得だけでいいますと、「申《さる》年」「亥《い》年」「寅《とら》年」「巳《み》年」が割合に「おとく」だと考えます。

なぜなら、「第八章　運命式の見るポイント」で詳しく説明しますが、十二支には、それぞれ十干（甲乙《きのえきのと》の木・丙丁《ひのえひのと》の火・戊己《つちのえつちのと》の土・庚辛《かのえかのと》の金・壬癸《みずのえみずのと》の水）のいずれかが含まれています。

つまり、申年の申の中には、「庚《かのえ》の金・壬《みずのえ》の水・戊《つちのえ》の土」があり、亥年の亥の中には、「壬《みずのえ》の水・甲《きのえ》の木・戊《つちのえ》の土」、そして寅の中には、「甲《きのえ》の木・丙《ひのえ》の火・戊《つちのえ》の土」があり、巳《み》の中には、「丙《ひのえ》の火・庚《かのえ》の金・戊《つちのえ》の土」があるのです。

このように、申年・亥年・寅年・巳年の十二支の中には、喜ばしい星（十干）が三つずつ含まれていて、人によっては、素敵な十干が、申の中、亥の中、寅の中、巳の中に秘められ存在することになるのです。ちょうどクローゼットの中にお宝があるようなものです。ただし、節分（二月三日・四日）を境にし、それ以前（二月三日）は、前年の十二支が該当しますのでご注意してください。

では、なぜ節分は二月三日なのでしょうか。節分は字のとおり節を分けると書きますよね。立春、つまり春は一年のはじまりとして尊ばれ、立春を一年のはじまりである新年として考えているのです。ですから、二月四日は新年となりますが、二月三日は大晦日のごとくで、前年の干支を採用するのです。一月一日元旦が年のはじまりではないのです。例えば、二〇一八年一月一〇日生まれの人は、戊戌年生まれとしてではなく、丁酉年生まれとするのです。

「良くない年は」

次に、100％絶対というわけではありませんが、両親とも満三十歳には子供を産んではいけないという法則があります。

理由は、満三十歳のときには、その年回りと、生まれた年の十干が同じになり、十二支の「七冲《ななちゅう》作用」が働くからです。七冲とは、生まれ年の十二支から数えて七つめにあたる十二支のことです。

例えば、子《ね》の七つめは、子から子丑寅卯辰巳と数え、午となります。また、午より数えても子は七つめになります。同様に、**卯《う》と酉《とり》、申《さる》と寅《とら》、巳《み》と亥《い》、丑《うし》と未《ひつじ》、辰《たつ》と戌《いぬ》が、それぞれ七つめ同士のため七冲する**といいます。七冲は、互いに破壊し合う作用がありますので、健康を害したり、家族との離別など、その他さまざまな災害・弊害があるとしています。

　いずれにせよ、年回りの七年目には必ず七冲がありますが、満三十歳になると、七冲するだけではなく、十二支の上に乗っている十干《じっかん》（甲乙丙丁戊己庚辛壬癸）が、生まれた年も、三十歳も、同じ干（エト）になるのです。十二支は動物の種類のような馴染《なじ》みがありますが、十干はご存じない方も多いようです。

　十干については、「第一章　5．十干とは何か」で詳しく説明しましたが、毎年の暦を見るとき、十二支だけではなく、十二支の上にある十干にも注意してほしいのです。ちなみに二〇一九年度は己亥（つちのと・い）の年になり「己」が乗っています。

　十二支は、子丑寅卯辰巳午未申酉戌亥と十二年に一度回ってきますが、十干は、甲乙丙丁戊己庚辛壬癸と十年ごとに回ります。十二支と十干には二年の差がありますから、十二支と十干が同じ周期になるのは、六十年に一度となります。こうしたことから、六十歳が還暦となるのです。ちなみに、二〇一九年は己亥年ですが、六十年前の一九五九年に生まれた人も己亥の年で六十歳の還暦を迎えることになります。

話が少しそれましたが、三十歳の話に戻します。

一九八九年（平成元年）に生まれた人は、生年干支が己巳（つちのと・み）です。そして満三十歳になる、二〇一九年（平成三一年）は己亥（つちのと・い）になります。

そこで注意したいのは、十干は生まれた年も三十年後の二〇一九年もともに己（つちのと）ですが、十二支は異なることです。一九八九年の十二支は巳（み）年で、三十年後の二〇一九年は亥（い）年です。つまり、巳と亥が七冲《ななちゅう》しているのです。

また、一九九〇年（平成二年）に生まれた人は、庚午《かのえうま》年の生まれですが、満三十歳になる二〇二〇年は庚子《かのえね》年です。こちらも、生まれの十干と三十年後（三十歳）の十干はともに庚《かのえ》ですが、十二支は、それぞれ午《うま》年と子《ね》年となり、午と子は七冲します。

くり返しになりますが、七冲《ななちゅう》とは、ある十二支から数えて七つめの十二支をいい、十二支の中にある十干を互いに破壊しあいます。

これは、次のように表わせます。

	十干		十二支
一九八九年（生まれ）	己	同じ／七冲	㊁巳
	つちのと		み
二〇一九年（三十歳）	己		亥
	つちのと		い

	十干		十二支
一九九〇年（生まれ）	庚	同じ／七冲	午
	かのえ		うま
二〇二〇年（三十歳）	庚		子
	かのえ		ね

このように、満三十歳になると十干は同じで、下の十二支は七つめとなり、必ず七冲するのです。

七冲は地支の中にある十干（甲乙丙丁戊己庚辛壬癸）が全部破壊されますから、面倒な事態がさまざま起きて不吉な年回りとなります。

七冲の種類は次のとおりです。

子《ね》―午《うま》　丑《うし》―未《ひつじ》　寅《とら》―申《さる》　卯《う》―酉《とり》　辰《たつ》―戌《いぬ》　巳《み》―亥《い》

（註：詳しくは「第七章　2．七冲殺の作用」で図示しています）

なお、満三十歳の出産がよくないといっても決して100％ではありませんし、すでに出産されていて無事であれば、心配には及びません。

しかし、これから出産を計画されている方は、統計的な法則として悪影響を及ぼすことがわかっているのですから、なるべく避けたほうが良いでしょう。

（註：年齢は、節分を起点にして節分前は前年としてください。節分は二月三日・四日です。二月三日より以前は前年とし、二月四日からは本年としています。節分については、前記の説明を参照してください）

3. 母親の過干渉は、子供をダメにする

母親がいつも子供のことばかり気になるは至極当然です。これは、成人になっても親にとってはいつまでも子供だからです。

特に小学校に入学するようになってからは、目が届かなくなるので不安でたまらない親も多いようです。「うちの子は大丈夫かしら」と心配ばかりしながら、そのくせ毎日「もっと勉強しなさい、ダメな子ね」とイライラして子供に八つ当たりして、ネガティブな言葉を連発してしまいます。

これを幼児心理学の面からみると、「マイナスの暗示を与え続けるのは、将来に悪いレッテ

母の過干渉は、子供の創意工夫を消す

母子関係図

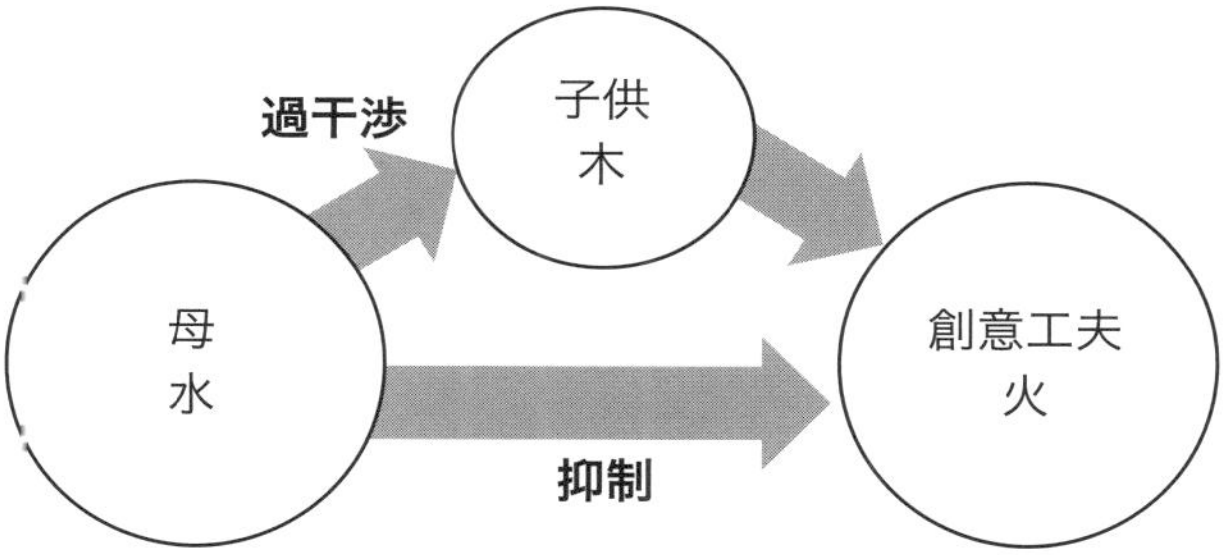

五行でいえば、水は木を育てるが、水は火を消す

ルを貼っているようなもので、その効果は成人になってから現れる」と言われています。

　また、よかれと思って子供に世話を焼きすぎるのも逆効果です。

　例えば、筆者が小学生一年生のとき、朝、目が覚めると、コツコツと枕元で音がしました。こっそり目をあけて見ると、母が今日ランドセルに入れる鉛筆をナイフで削ってくれているのです。この時代は今のような便利な鉛筆けずり機はありません。その母の愛情は今も忘れることができません。でも、おかげで工作の科目はずっと苦手でした。そして、いまだに不器用なままです。

　今日問題になっているのは、親の干渉の中に埋もれ、あるいは溺れてしまい、大人になっても、何をするにしても依存心から解放されなくなっている子供が増えていることです。

子育てに熱心な親ほど、溺愛が子供に悪影響を及ぼし、前頁の図のように創意工夫の秀でた感性は阻害されてしまうおそれが多いのです。

また、いじめの問題については次項「いじめの法則」で詳しくお話ししたいと思います。

4. いじめの法則

熱帯魚を飼っていたとき、水槽を眺めて気がついたのですが、少し弱ってきた魚に、元気な魚がよってたかって突つき殺して、食べてしまうのです。小さな水槽の世界でも残酷な生存競争が繰り広げられていたのが、信じられないほどの驚きでした。

これは、我々人間社会でも、そして大きくは国家間の闘争でも同じ、弱肉強食の世界といえます。

しかし、人間には知恵があります。それがあれば強力な相手ともうまくいくでしょう。

例えば、猿学者「マキャベリ的知性の仮説」という一例がありますが、産経ニュース（2017年5月28日）での、京大霊長類研教授・正高信男氏のコメントから一部引用します。

「群《む》れにサルAとBがいる。高順位のAは、したたかなBに地位を狙われている。AはBを公然とたたける機会を探しているが、ひとりでやるにはリスクが高い。こういうときにAは、いつもBにいじめられているサルCを抱き込むことがある。CがBに攻撃されたフリをして悲鳴をあげ、Aが助太刀に入る形でBをやっつける――という寸法だ」

この話は、猿Aからすれば、Bをやっつける手段ですが、サルBにいじめられているサルCにしてみれば、Bにイジメられる被害から解放されるのです。

自然の法則には、必ず敵がいますが、その敵をやっつけてくれる味方もいます。それを天敵といいます。

昔、台湾旅行をしたとき、見世物（実演）に「小さなマングースと毒蛇の戦い」というものがありました。自分より大きな獣でさえも咬み殺す毒牙を持っている毒蛇は、人間にとっても恐ろしい敵獣です。その毒蛇に可愛い小柄なマングースを戦わす見世物です。

観客は、当然毒蛇がマングースを食い殺すと思いきや、死闘のあげくマングースが毒蛇をかみ殺し、戦いの結果はマングースの勝利となったのです。

つまり毒蛇の天敵は、小さマングースだったことが証明されたのです。

ブリタニカ国際大百科事典によれば、『天敵』とは、

「ある生物を攻撃して死滅させる習性をもつ生物を、その生物の天敵という。例えばネコやイタチはネズミの天敵であり、ズイムシヤドリバチはニカメイガの幼虫に寄生する天敵である。自然界のなかで個体群が動的平衡を保つうえで天敵は重要な要因の一つとなっている。農作物の害虫駆除に天敵を利用することが、特に外地から持ち込まれて急増した害虫に対して試みられて、生物農薬 biotic pesticide として、企業化され、登録が許可されるようになっている」

と定義されています。

人間同士の社会にも、このように天敵は存在します。そして個人でのいじめは子供の中だけではありません、私たち大人社会でも、大きな課題になっています。

次の図をご覧ください。これは、五行の相剋図《そうこくず》ですが、互いに相剋する、つまり、天敵をそれぞれが持っている図になります。

例えば、あなたは、木とします。金はいつもあなたを鉄の斧で伐採しようとしています。そこでお隣の火と仲良くすることによって、火はあなたの天敵の金に睨《にら》みを効《き》かせて金を熔解させようとし、金を萎縮させます。天敵だった金はもはや火を恐れて木のあなたを攻撃することをやめます。

同じように、火の天敵は消火を恐れる水です。そこで火は土と仲良くすることにより、土は

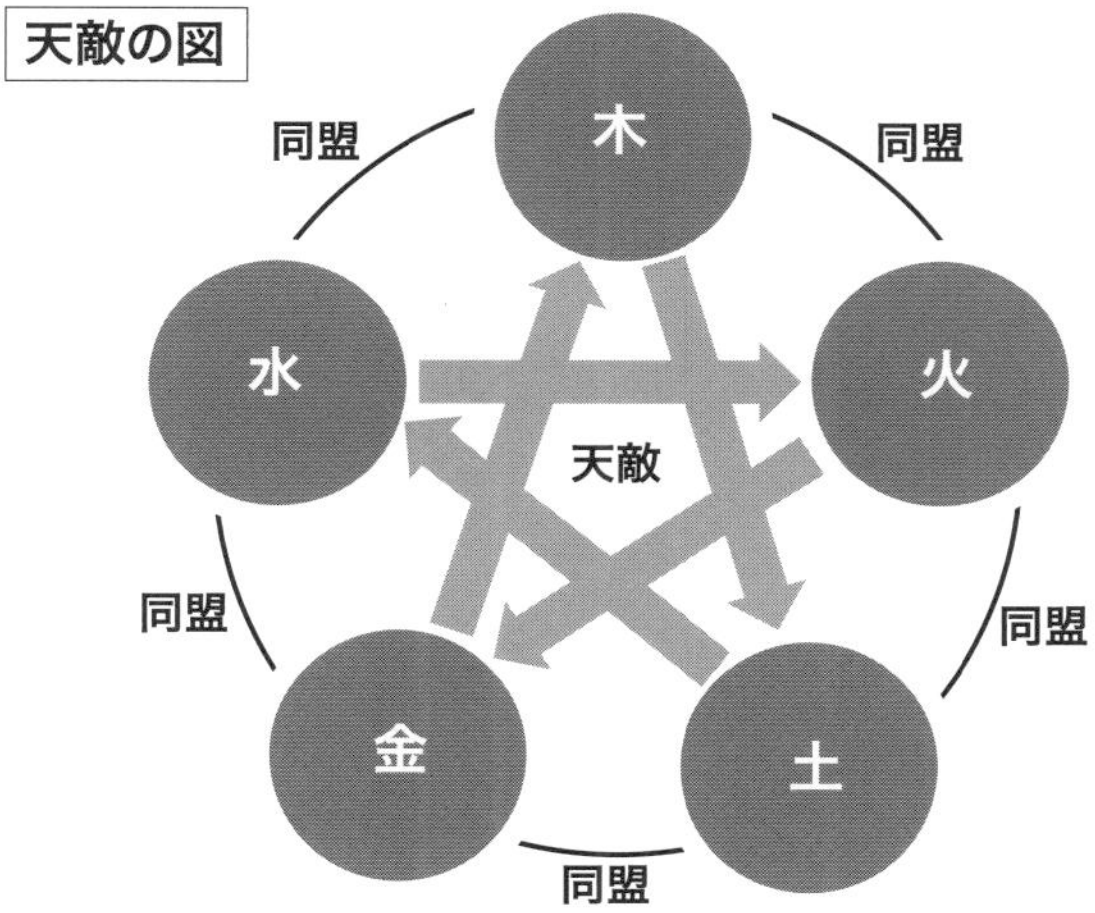

水を抑えてくれます。

また、水の天敵は土です。土は水の流れを埋めて止めます。土の天敵は木です。木は土に根を張り土の養分を吸い取ります。

これは天敵として考えた場合の大自然の法則です。この方法を活用しているのが、堤防です。洪水を防ぐためには、水の天敵である土を高く盛ることは先人からの知恵です。美しい珊瑚を食い荒らす珊瑚の天敵はオニヒトデです。しかし、そのオニヒトデを取り込んで窒息させ駆除してくれるのはホラ貝といわれています。つまり、オニヒトデの天敵はホラ貝になるのです。

国家では、日本はアメリカと同盟を結んで天敵の国から防衛するのも、同じ理論です。

ここで昨今大きな問題になっている子供のいじ

めを取り上げてみます。

いじめられている子供は一人で悩み続けています。先生は取り合ってくれませんし、親にも言う気力はありません。

そのような子供を鑑定しますと、柔命（弱い命式）でも、バランスが極度に欠けています。例えば、「命理学四柱推命」では、生まれ日を我とし自己の星としています。仮にその自己の星を水とします。生まれ年・生まれ月・生まれ時間などに土の五行が多すぎると、我が水星は、土に囲まれ埋め尽くされ身動きがとれず萎縮する命式になります。これを専門用語では、「官殺大過」と称して攻めてくる星が多すぎて、振り回されたり動けなくなったりするのです。

同じように、我が星（生まれ日）が木星とし、他の柱（年月時）にある五行が金ばかりであれば、いつも鉄の斧で削られ傷められている象《かたち》になります。

これは、「命理学四柱推命」から見れば甚だ弱く、偏った命式の子供になります。特に、そうした子供に限って何となく、いじめられる雰囲気を持っています。つまり、持って生まれた性質なのです。そして寄って集《たか》って突かれるのです。

こうした子供には、母親は、専門用語では「印星」と称して、扶助する母の星が、緩衝の役目をしなければなりません。そしてさらに度重なる補助が必要となるのです。

前項で述べた母親の過保護はダメだという話は、この場合は当てはまりません。救いの手は緊急を要するのです。子供が言わなくても母親なら気がつくはずですから、至急手を打つべきです。放っておいては大変危険です。

文部科学省のマニュアルでは、自殺直前のサインとして、（イ）関心のあった事柄に興味を失う。（ロ）成績が急に落ちる。（ハ）友人との交際をやめて引きこもりがちになる、等を示しています。

このサインは、子供が救いを求めている証拠なのです。そして、この兆候に気づいてあげると同時に、緊急に対処すべきです。

まずは、担任の先生に相談することよりも、学校に強く聞きただすことです。つまり、徹底的に事実関係を追求し、とことん学校側の責任を問い続けることです。学校にとっては致命傷になりかねない問題ですから、できれば認めたくはないでしょう。しかし保護者としては、そのような学校側の態度を許す必要はありません。

第二の方法としては、間に教育相談所というクッションを挟むことで解決の道を探ることです。急いで教育委員会の相談機関である教育相談所等に赴き、事実を訴えて相談することで、いくらかは問題を払拭することができるでしょう。それが、いじめが大きくならないうちに問題解決に向けて、協力体制の強化につながることになります。

第三に、67頁の図のように、いじめるリーダーにも必ず「天敵」がいるはずです。それがわかれば、その「敵の天敵」を味方につけるのも、一つの方法でしょう。

この問題を中途半端に終わらせてはなりません。弱い子供にかぎり、母親の充分な「お節介《せっかい》焼き」が必要不可欠なのです。

これは大人の場合も同じで、天敵の天敵を見つけることです。会社や団体組織の中には必ずイヤな奴が存在しています。別に争う必要はありませんが、命理学の法則からすれば、「イヤな奴」の天敵と仲良くすることにより、自然と離れていくものです。

5. 我が子の職業は、我が子に任せなさい

過日、中小企業経営者が来訪され、「我が長男を次の社長にしたいのだが……」という相談がありました。早速長男の命式を鑑定したところ、「旺命」で、しかも有能な息子であることがわかりました。学歴も悪くはありません。社長が長男に期待を寄せるのは当然で、反対の余地はまったくありませんでした（「旺命」については、「第三章　天命のビジネス」でも詳しく説明します）。

ただし、課題がありました。「旺命」で能力がある子息は、そのまま家業を継承させては発展性がないという命理学の法則があるからです。率直にそれを伝えると、社長は大変驚き、「では、息子に私の仕事を継がすことはいけないのですか」と詰め寄りました。

そこで私は、「まったく違った業種をしなさいというのではありません。現状のままの内容で継承してはいけないのです。例えば、家業が『うどん屋』なら、そのままの『うどん屋』はだめです。『うどん屋』から『寿司屋』に、あるいは『レストラン』などの外食産業、ということです。これは極端な例になりましたが、あなたは鉄鋼関係の下請け工場です。息子さんが、そのまま継承すれば、発展性がないどころか、衰退していくことも考えられます。子息が社長になれば、次世代の経営者としてITやAIなどを駆使した自社ブランドに変えていく必要があります。これは、息子さんが自営をやっていける優れた有能な人材ですからいえるのです。そのときになれば、息子さん独自の経営方針にお任せしなさい。事情があってそれができないのであれば、別の会社を立ち上げて、息子さんをその会社の代表にするのです」

社長は「わかりました」と納得し、深々と頭を下げてお帰りになりました。

このように子供に親の家業を継承させる自営業者や医師、あるいは政治家などは、子供もその環境に育っていますから、自然に親の業種に偏っていきますが、子供がしっかりした「旺命」

であれば、そのままの継承では伸展できない法則があります。

（註：「旺命」「柔命」ついては、第三章で詳しく解明しますが、「旺命」は強い命式で自営独立型、「柔命」は会社員などの組織型といえます）

では、一般のサラリーマンの家庭で育った子供はどうでしょうか。

まず、その子の性格や適正を充分考慮して、慎重に選択しなければなりません。この選択は子供自身の課題です。親の時代と今の時代の感覚・情報・環境はあまりにも格差がありすぎます。

もちろん、「故《ふる》きを温《たず》ねて新しきを知る」。つまり、古き伝統の技に魅せられた若者が、熟練の職人とタッグを組み、ハイテクを駆使した、新しい企業、農業、漁業に生まれ変わろうとする明るい話題もあります。

これは後継者不足の解消にもつながり、農業や漁業、その他企業なども、ベンチャー産業として変革できるものであり、明るい期待が持てます。

しかし、このような事態や子供の適正に対して、的確な目を持つ親が多く存在するとは思えません。ですから、我が子がどのような学校や職業を選択するのかは、子供自身の課題となります。

そのため、失敗もあるかもしれませんが、失敗も成功も自らの責任として考えていけば、そこには、素晴らしい天命を授かることができるでしょう。

6. 嫁と姑問題の法則

いつの時代でも、嫁《よめ》と姑《しゅうとめ》の問題は避けて通れません。お姑さんから見れば「大切な息子を奪い取られた」という心理が働いています。姑さんも最近は超高齢社会になったせいか割合落ち着いていますが、一時は毎日のようにお嫁さんからだけではなく、姑さんからの相談も少なくありませんでした。

この法則には、まず、基礎知識として、「五行の相生と相剋」の関係を知らねばなりません。

(イ) 五行の相生《そうじょう》

「五行」の相生とは、木・火・土・金・水の五つの元《もと》の気が停滞せずに、常に順生周流することをいいます。

つまり、一滴の水が木を育成して木が盛んとなります。盛んとなった木は、火を燃やすように火を生じます。この火は燃え尽きて灰となり、土に変化します。化した土は、さらに固まり鉄鉱石となり、これを命理学では金と呼称します。つまり、土が金を生じるのです（この場合の金はオカネではありません）。そして、その金は、岩清水のごとく水を生じさせます。水はまた木を育てるのです。

先に記したように、木は火を生じ、火は土を生じ、土は金を生じ、金は水を生じて、常に周流して止まらない状態（順生周流の関係）を「相生の関係」といい、それぞれ木生火《もくしょうか》、火生《かしょう》土《ど》、土生金《どしょうきん》、金生水《きんしょうすい》、水生木《すいしょうもく》と呼びます（次頁のA相生図参照）。

（ロ）五行の相剋《そうこく》

相剋の関係とは、相生の反対で、五行（木火土金水）が各々が他の五行に働きかけることをいいます。

つまり、木は土に働きかけて根を培《つちか》い、土は水の氾濫を防ぐとともに乾燥した土となるのを防ぎます。水は、火の烈火となるのを防ぎ、火は鉄鉱物を鍛錬して刃物や工器物を造ります。そして、鋼（ハガネ）で剛鋭の金気は、木を伐採し削り材木を造ります。

このように、相剋は、一般的には制圧抑制するもので悪のように見なされることがあります

A相生図

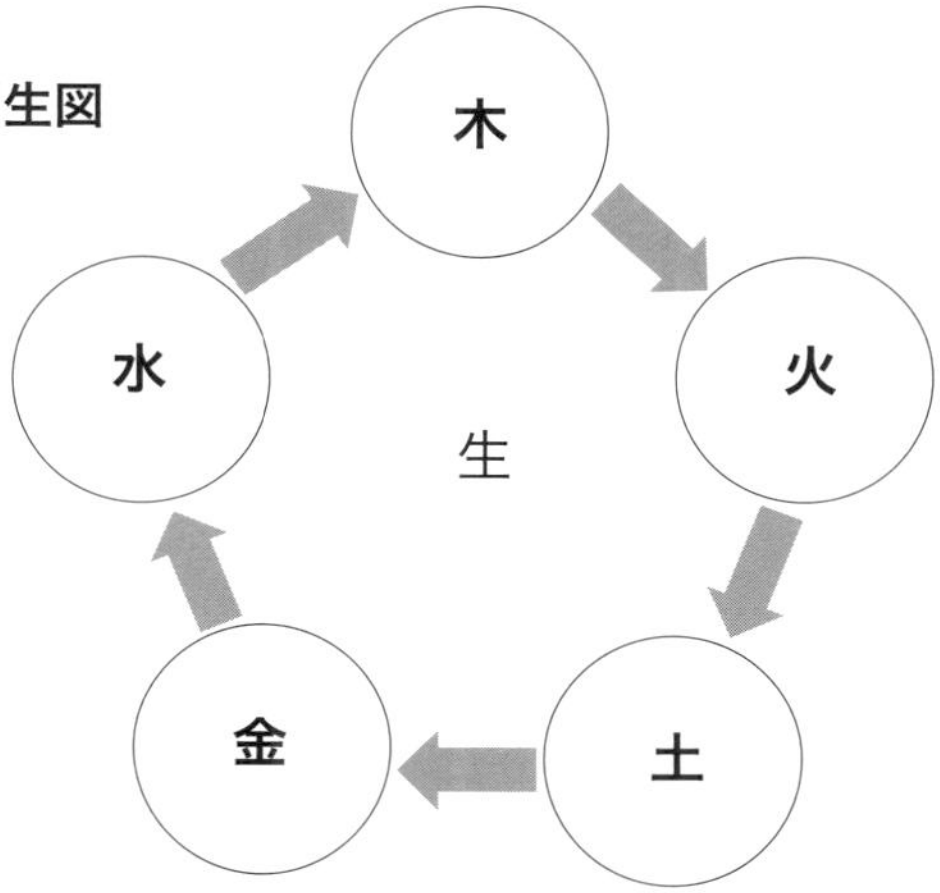

が、生産的な面もあるのです。
こうした相剋の関係を、木剋土《もくこくど》、土剋水《どこくすい》、水剋《すいこく》火《か》、火剋金《かこくきん》、金剋木《きんこくもく》と呼称します（次頁B相剋図参照）。

以上の、「相生」と「相剋」の関係を参照しながら、嫁姑の立場はどのような関係で結ばれているのか、次に見ていきたいと思います。

嫁と姑の関係

前記の五行（木火土金水）の相生と相剋の関係を活用して嫁と姑の関係を、「C図・嫁と姑の関係図」（77頁）を参照しながら、説明していきます。
まず父母の関係は、父が甲木としますと、それに「合《ごう》」して結ばれている母は己土となります（合については、「第八章　運命式の見るポイント」

B相剋図

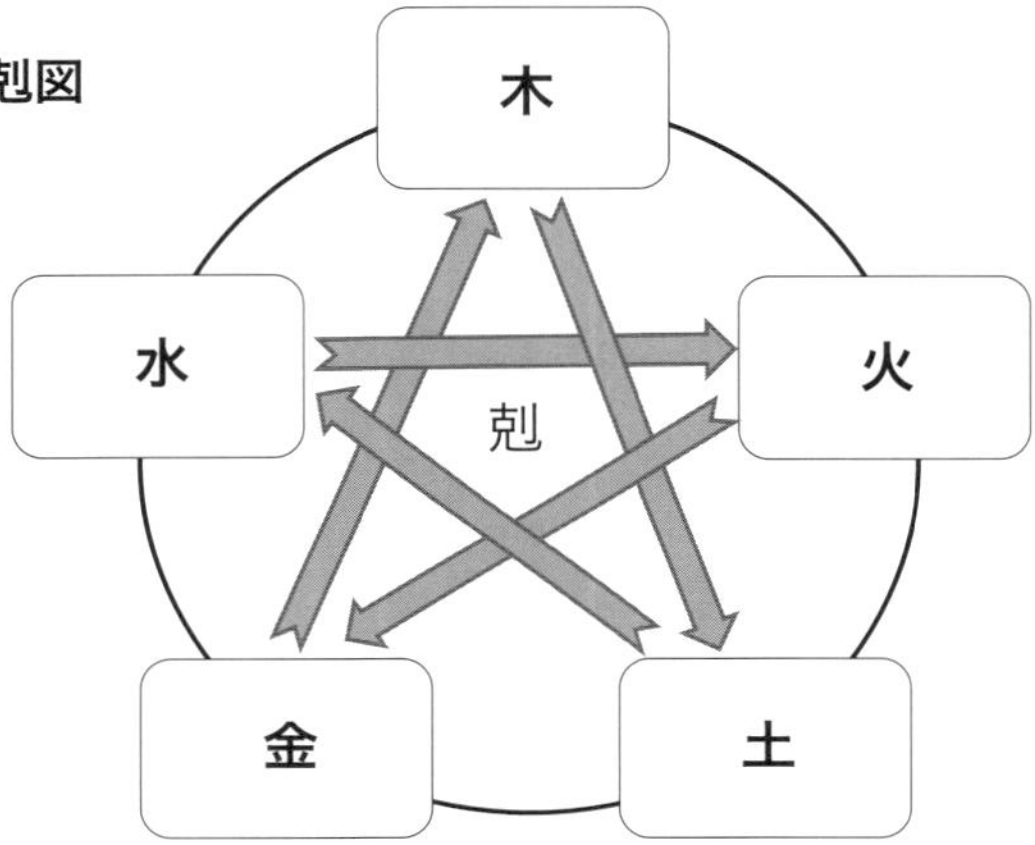

で説明します）。

そして、母（土）が産んだ長男は土生金となって、土から金が生まれますので、子供の星は金になります。次に、その長男「庚金」は、合する「乙木」が妻・嫁となります。

これを見ると、嫁の木は、姑《しゅうとめ》（義母）の土とは、木剋土と相剋し、互いに違背する仲になっています。逆に、舅（義父）は「木星」で、嫁も「木星」ですから、友人のように仲がよいのです。

左図のように、嫁を木と仮定しますと、嫁の木は土の義母を「木剋土」と制圧していますから、義母（姑）は嫁に対して精一杯の抵抗をすることになります。

このように、いずれにせよ嫁と姑の仲は、相容れないものがあります。共に暮らして一〇〇％仲良くするのは難しく、一〇〇％良い嫁になるには、

C・嫁と姑の関係図

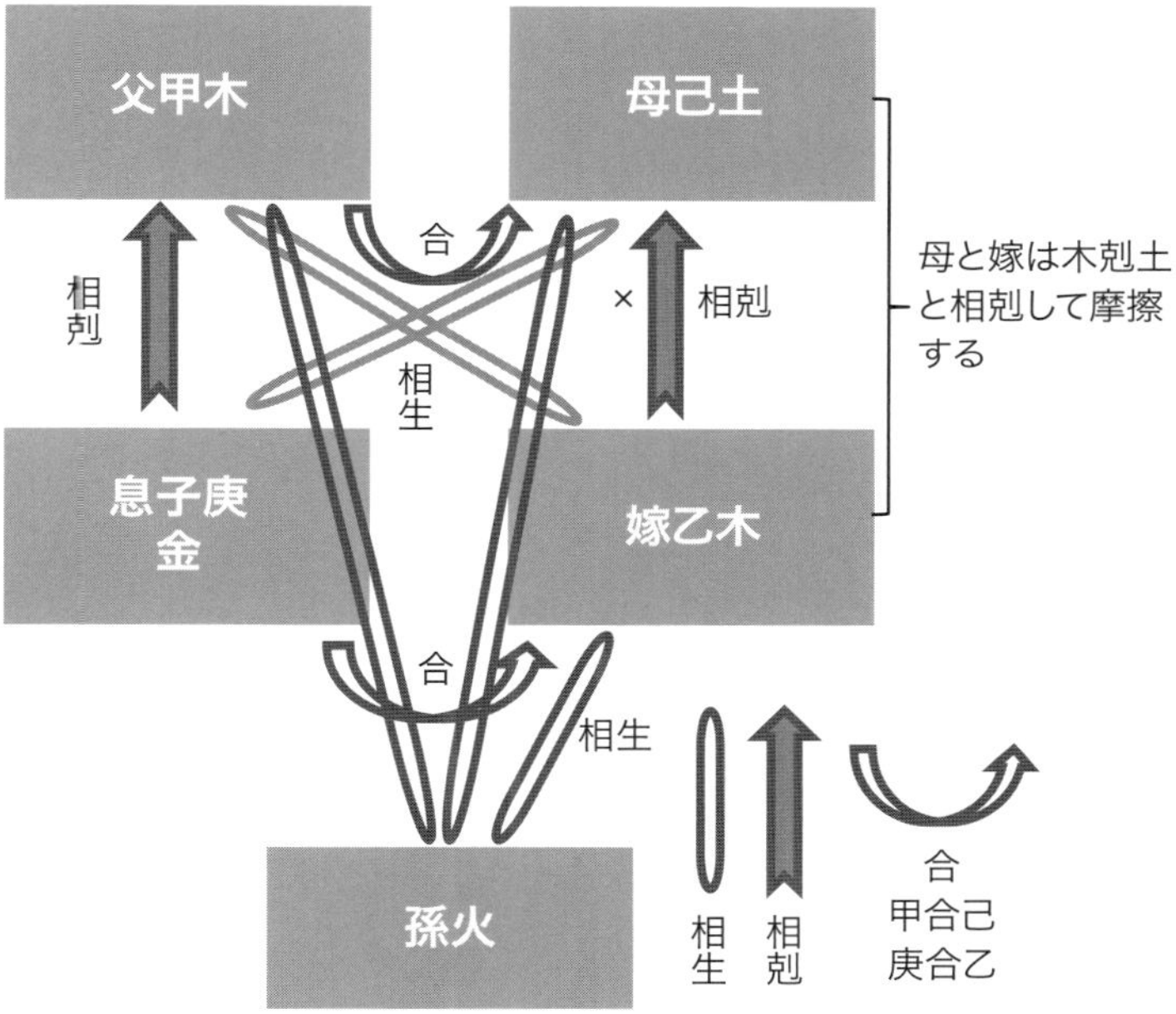

姑さんが健康であれば、すぐに連絡が取れるくらいの距離で別居するのが一番良い方法になります。姑さんと別居していれば、良い嫁になり、良いお母さんになれるでしょう。

先日も、姑さんと同居している長男からの相談に、「私の妻は母にとっては悪い嫁ですが、母と別居している次男・三男の嫁は良い嫁になっています」と悔しそうに訴えていました。

すでにやむを得ない事情

から、住居を共にしている方は、「いつまでも良い嫁でいよう」などと頑張りすぎると自分を苦しめることになります。何でも完璧にしようと思わないことです。幸い舅《しゅうと》（義父）の存在があるので、うまく中に入ってくれると思います。なぜなら、嫁と舅（義父）とは、前図のように木性同士で仲良しだからです。

しかし、舅（義父）がいない姑（義母）さんは、嫁に負けまいとして頑張ってしまいます。嫁がそれを理解してあげることによって、姑（義母）さんは心を和らげると思います。

一方、姑（義母）さん側は、自分の世界と息子夫婦の世界は違うのだ認識する必要があります。そして、息子夫婦の生活は、何があっても息子夫婦に任せて関係を持たないのが賢明です。

ちなみに、母の土は、憎い嫁が産んだ孫（火）に対して「火生土」と癒やしの相生となり、いつも手元においておきたいほどです。父（木）も、孫の火と「木生火」となって相生して、期待の孫となります。つまり、孫は目に入れても痛くないほど可愛い存在になります。

余談になりますが、もう一度前図を見てください。息子（金）が父（木）を金剋木と剋（抑制）しています。

これは、息子の金性が父の木性を伐採しようとしている形ですが、「命理学四柱推命」では、十干五行の相生相剋の代名詞として、我の星から相剋する星を財星としています（財は、我から相剋することにより、我が力を消耗させ、労力により財を得るので財と称します）。

したがって、息子から父親を見ると、息子→父親と相剋しますから、息子から見れば父親は財にあたります。つまり、息子は常に父親の財を欲している象《かたち》になっています。いわば「子が親の脛《すね》をかじる」という状態になるでしょうか。

こんな実話があります。

父親が病院で入院しているとき、子供の家族が毎日熱心に見舞いにきていました。周囲の人は、なんと親孝行な子供たちだろうと感心するほどでした。ところが、父親が亡くなると、子供たちはわれ先にと父親が一番大切にしていた袋を奪うようにして開けたそうです。しかし、そこには残高0の通帳と紙切れしかありませんでした。

結局、子供たち一家の見舞いの目的は、父親の財産だったのです。父親もわかっていたのか、オカネがあるかのようなフリをして、いつも大事そうに枕の下に袋をはさんでいたのです。

父親は、やはり財になっていたのですね。

7. 奢《おご》る平家は久しからず

これは誠に悲運で、惜しむべき天才お笑いタレントの物語です。そして、有頂天の天狗になってしまえば、途端に谷底へ転落するという厳しさの法則を痛感するものです。

島田紳助さんといえば、若い方には馴染みが薄いかもしれませんが、例としてわかりやすいので、ここで取り上げます。

彼は頭もよく、如才なく無名から一流の漫才師に、そして得意な毒舌は誰にもまねのできない優れた才能で一世を風靡《ふうび》しました。多くのテレビ番組で司会をこなし、独特のキャラクターで、視聴者を爆笑の渦に巻き込み、番組を盛り上げるのに一役買いました。

特に印象深いのは、一九九四年より今に至るまで長きにわたって毎週放送されている骨董美術品鑑定バラエティ番組「開運！ なんでも鑑定団」のメイン司会者を長く務めたことがあり、あの毒舌を交えた独特な面白さは今でも忘れられません。

しかし、二〇〇四年十月二五日、彼にとって悪夢のような日がやって来ました。某女性マネージャーに対して傷害事件を起こしてしまったのです。これは人気絶頂な芸能人にとっては致命的な大事件となり、損害賠償をしたあげく、二〇一一年八月最後のテレビ出演となり自ら芸能界を引退しました。

彼（島田紳助）の命式は、以下のとおりです。

生年	一九五六年	丙火－	申金－	
生月	三月	辛金＋	卯木－	七沖
生日	二四日	**我庚金**	寅木－	七沖

大運

癸巳	一五～二四歳	
甲午	二五～三四歳	
乙未	三五～四四歳	
丙申	四五～五四歳	金
丁酉	五五～六四歳	金
戊戌	六五～七四歳	金

命式は、我「庚金」に生まれて年支に申金の根っこが一つあって、自分には多少の強さがありますが、生まれ月と日支は、卯寅の春に生まれて我が庚金は弱く「柔命」になります（春は金星の一番弱い月です）。

一方、大運は、四五～六四歳まで、申酉の金のグループ運で、我庚金の根っことなる運になっていますから、最も好調のはずです。それなのに、なぜ極めて最低で最悪の事件を起こしたのでしょうか。

そこで、大運をよく見ると四五〜五四歳にかけての節目に、寅―申の七冲《ななちゅう》が入り、さらに五五〜六四歳までに、卯―酉の七冲作用が入っていることがわかります。

この七冲は、自分が持つ十二支から七つめの十二支のことで、十二支の中にある五行（木火土金水）を全部破壊することになります。

七冲作用には、転職・転宅・移動・離別・事故・災害・破壊など、バタバタとすることが多いのです。それを知って何事も慎重に行動すればよいのですが、仕事が最高潮であるために、つい傲慢になってしまったのでしょう。命式を見ると、それでもまだ好運が残っていましたので、引退することなく、あきらめずに再起をはかれば良かったのではと、もったいなく思いました。

（註：七冲は、子と午・丑と未・寅と申・卯と酉・辰と戌・巳と亥が直接あうことによって生じる作用です）

「柔命」の人は、強そうに見えても我慢できずに、「もうダメだ」と思ってしまったり、あるいはそこから逃避したりする性情があります。

しかし、「運命論」から考えますと、引退したがために、かえって健康を害せず、悠々自適で自由な生活を楽しんでいるのではとも思います。つまり、凶が吉に変換したのです。それはなぜかといいますと、特に有名な芸能人が、大運の変わり目と七冲が重なって、惜しまれながら早世されることが、少なからずあるからです。

ですから、何人も嵐の中ではバタつかず、じっと我慢をしていれば、時間薬となり癒やしの期間となりますし、第一章で述べた「変化」の天命を待つべき覚悟が必要であることを痛感します。

8．思わぬ僥倖《ぎょうこう》は、返済しなければならない

今まで目立たなかった人が、急に栄光を手に入れた話は、歴史上でも多く知られています。しかし、そのような人たちの末路のほとんどは幸福とはいえません。命を落とすという最悪の結果を迎えた人もいます。

ＮＨＫのある番組で、「楊貴妃」の物語を放映していました。彼女は玄宗皇帝に寵愛されて、意外な僥倖を得ていましたが、安史の乱を引き起こしたため傾国の美女と呼ばれながら、三七歳の若さで処刑されてしまったという歴史ストーリーです。

「命理学四柱推命」では、五十の幸運しか持っていない者が一〇〇の僥倖を得れば、差額の五十を返済しなければならないという、厳しい法則があります。それは有頂天になったときに悲劇として現れます。

有頂天になったその後には必ず嘆きがやってくるのは自然現象です。天狗になったそのときから、天命から戴く枠を越えているのです。ですから超過した分を返済することになるのです。

では、どうすればよいのでしょうか。

有頂天になってしまわず、その至福の心を平静に保ち、ボランティア精神で人に尽くし、人の気持ちや気遣いを怠ることがなければ防ぐことができるでしょう。例えば、思いがけないオカネが入った場合、寄付するように、人に対する配慮と奉仕で幸運の一部を返済するのです。

つまり、自分にとっての過重な荷物を降ろして軽くすることになるからです。

「命理学四柱推命」では、栄誉や過剰な財は重荷となり、結局は自己を傷めてしまうと警笛を鳴らしています。

自分を大切にすることは第一ですが、自分を大事にすることによって、他人への思いやりにつながってこそ、本物となります。

9．余分な荷物も降ろす

アメリカでは、宗教的思想からかもしれませんが、富豪な人ほど法外な寄付をすると聞きます。またそれが、当然の文化のようになっています。これも余計な荷物を降ろすことにより、なお一層幸運が続くことになるからでしょう。

我が国でも、日本一の大富豪として有名なソフトバンク会長の孫正義氏は、東日本大震災復興資金として大きな寄付をされています。

孫氏は、二〇一一年四月、東日本大震災の被災者支援や復興資金として、個人で一〇〇億円を寄付すると発表し話題になりましたが、同年七月までに、一〇〇億円全額の寄付を完了しました。氏は引退するまでに、ソフトバンクグループ代表として受け取る報酬の全額を孤児の支援に寄付するとも表明しています。

なお、同年五月、日本赤十字社・中央共同募金会・岩手県・宮城県・福島県に各十億円、日本ユニセフ協会などの「震災遺児への支援を行う公益法人」に六億円、茨城県・千葉県に各二億円、そして四十億円は、孫氏と自治体が共同で設立して、孫氏が会長を務める東日本復興支援団体に託されたといわれています。

このように、多額の寄付をされた孫氏個人も、ソフトバンクグループ各社も、ますます健全に発展しています。

過去には、松下電器産業（現・パナソニック）の松下幸之助氏もよく寄付をしていました。例えば、一九七九年、当時の金額で私財七十億円を投じて、財団法人松下政経塾を設立して政界に貢献したり、一九七一年には慶應義塾大学工学部へ多額の寄付をしています。

なお、現パナソニックグループ各社は、日本の大手企業であるシャープや東芝が苦慮する中、困難に遭遇しながらも、日本のトップブランド企業として君臨し続けています。

このように、余剰があっての寄付は、個人も会社も益々の発展や幸運の証明になっています。ちなみに、松下氏は、享年九十四歳の長寿でした。

我が国の企業や金持ちは、盛況なときに、どれだけの寄付をしているでしょうか。税金逃れの報道は、誰もが眉《まゆ》をひそめますが、多額の寄付をした者を取り上げれば明るい話題となりますので、ぜひ報道してもらいたいと思っています。

第三章 天命のビジネス

メッセージ

個人タイプか
団体タイプで成功するのか
選択で一生が決まる
自分に合った
健康とラッキーカラーは

1. 旺命と柔命

人には大きく分けて、内面が強い人と弱い人があります。これは、表面に現れてくる性格の強弱ではありません。海面に流れる波と、海中に大きく流れる波のような違いです。ですから、内面が強い人はオットリとして見え、逆に内面が弱い人は行動的で感情の揺れ幅が大きく見えます。

四柱推命では、前者の性情を「身強《みきょう》」と呼び、後者を「身弱《みじゃく》」と称していますが、身強は身体が剛健で、身弱は不健康という間違ったイメージを与えますので、筆者は、前者を「**旺命**《おうめい》」、後者を「**柔命**《じゅうめい》」と名称することにしています。ただし、「旺命」も「柔命」も、決して運命や性格の善し悪しを指すものではありません。

例えば、甲（樹木）日に生まれた人を我が身として、春の月に生まれると、樹木は盛んとなりますので、この甲木の人は、60～70％が「旺命」となります。しかし、秋冬月に生まれると、甲（樹木）は枯れますので、この甲木の人は60～70％が「柔命」となるのです。

運勢についていえば、甲木の冬生まれの人で、大運（大局の運で十年間と、大きくは三十年間続きます）が、再び秋・冬の冷たい運に巡れば、最低の運勢となります。

しかし、春・夏の運に回ってくると、好調な運に恵まれることになります。

2. 創業オーナーか、サラリーマン社長か

あなたは、起業のできるいわゆる創業オーナー型の人か、いや、サラリーマンを続け、有望な会社の優れた人材として、組織の経営者や幹部の地位に昇りつめる組織型の人材タイプなのか？

これは、男女を問わず一生を左右する最も重要な課題です。

本書（命理学四柱推命）では、創業オーナー型の人を「旺命」、組織型の人を「柔命」と呼称しています。

まず、「組織型」の「柔命」を探ってみることにします。

3.「柔命（組織型人材）」の条件

最近、再就職に関する相談がとても増えています。

「今勤めている会社が部署の縮小のために退職を勧告されました。今辞めたら退職金の割り増しに加え、人材会社の費用も負担してあげるといわれています。どうすればよいのでしょうか？」

という内容です。

しかし、そのような人たちを鑑定しますと、ほとんどが「柔命」です。中には、「何か商売でもと考えているのですが……」と安易な考えを口にする人もいますが、「商売を始める」ことは想像以上にとても難しいものです。かといって、再就職するにも、低収入の派遣社員が関の山です。できれば、辞めずに居座った方がよいでしょう。

聞くところによると、多くの企業が、人材会社と提携し、一部の社員を退職に追い込んでいるそうです。なんといやな世の中になったことでしょう。まるで葬儀会社と病院が提携しているかのようです。

もし、このような場合は、不当な解雇にならないよう、まずは、労働相談所やNPO法人労働相談所、あるいは労働基準監督署などの無料相談を受けるか、費用はかかりますが、専門の弁護士に相談してから最終的な判断をされるのがよいと思います。

また、別の退職の理由として、「独立して素晴らしい起業家になる！」と夢いっぱいに語る人もいますが、突き詰めて内情を問うと、「上司が気に入らない。会社の方針と自分との考えが異なる。会社の仕事が面白くない。イジメに遭う」など、そこから逃げ出したいだけの人が多いのです。このような人は、「柔命」でも、大変弱いタイプがほとんどです。

ただし、あなたの会社が不幸にも過剰な労働時間など労働問題に抵触するブラック企業のために苦しんでいる場合は別です。これは法律問題になりますから、我慢せずに勇気を持って「労働相談窓口」に赴いてください。窓口は、全労連の労働相談ホットラインとか、ＮＰＯ労働団体とか、あるいは費用がかかりますが弁護士に相談するなどいくつかありますので、ＰＣ、スマートフォンなどでネット検索をしてみてください。そして仕事をした時間は日誌などで保存しておくのが賢明でしょう。転職は相談の上でも遅くないと思います。

しかし、いずれにしても、もし「柔命」の人であれば、独立すれば悲劇が待つだけです。

会社を辞める前に、一呼吸おいてじっくりと、自分を分析してください。瞑想に近い状態で、ゆったりと気を沈め、紙に自分の思う内面を自然に出るにまかせて、潜在意識で書き出していくのです。気がつけば、何が悪いのか、それをどうすればよいのか、自然に答えが得られるはずです。

この方法は、霊能者によって使われるスピリチュアルな「自動書記」というやり方に似ています。いずれにせよ、いかなる商売や起業するといっても、「旺命」の人でなければ、失敗する確立が非常に高くなります。現に創業者のほとんどは「旺命」です。

「柔命」の人は「組織型」ですから、勤め先の大小を問わず、会社などの組織の中で頑張ればよいと思います（もちろん、ブラック企業は別）。ひょっとすると大きな組織の役員に、あるいは社長になれるかもしれません。とにかく「柔命」の人は「組織型人材」です。独立自営や起業するタイプではなく、組織、つまり会社などで出世していく人なのです。その中で有能な上に、さらに努力と運で大会社の社長に上りつめていく経営者も数多くいるのです。

このような人たちは、能力と自信があるがために、幾度か独立を考えたこともあるそうですが、辛抱して今の地位があるのだと言っています。このような人に対し、「セコさや狡賢《ずるがしこ》さで、トップになったのだろう」と思う人もいますが、そんな簡単なことではないのです。上場会社ともなれば、自分の落ち度がなくても、業績が振るわなければ、その地位を去らねばならない厳しさがあるからです。

もちろん、経営者として尊敬される存在になれたとしても、会社を辞めて自営独立していたならば、失敗の憂き目に遭っていた可能性もあったはずです。

つまり、「柔命」の人は、余計なことを考えずに、その組織の中でのトップを目指す目標を持つのが天命です。

では、どのようなタイプが、「柔命」つまり「組織人型」なのかを診断してみましょう。

まずは「自己性情診断」です。

1. 自分の会社が良くなってほしい。また、そんな会社で出世したい。
2. 自分は、際立って優秀とはいえないが、長く勤めて着実に上に上がりたい。
3. 気を遣う性格である。他人のことを優先し、対立をとても嫌う。そしてその場の雰囲気をよくするための努力をする。
4. 想定外のことが起これば、その対応に苦労する。その結果、大変疲れて、窮地に追い込まれてしまう。
5. 人間関係をもっとも大切にし、共に語り合いたい。友人がいなければ実に寂しい。
6. 人の話をよく聞き、参考にもしたい。
7. うまくいったとき、諸かったときは、笑顔で人に聞いてもらい、苦しいときは渋い顔をして訴える。

8．目の前の仕事は集中して行う。小さな仕事は正確に果たすことに努めるが、大きな大切な仕事を人に任せてしまうことがある。

9．名誉心がとても強い。また、周りの評価が気になる。

10．基本的には家庭を大切にする気持ちはあるが、仕事や所属する組織を優先しがちとなり、家庭がおろそかになってしまう。

以上10項目の内、7点以上であれば、「柔命」であり、独立自営・創業には向かない「組織人材型」になります。「柔命」の人は、今の職場が気に入らないからといって、たとえ運勢が良くなっても、安易に独立するのは、基本としてあまりお勧めできません。

次に、念のため「柔命」の命式となる条件の概略を書き出してみます。

まず、生まれた日が自分の星となります。そして、どの柱（年月日時）にも、上を「天干」と呼び、下を「地支」と呼びます。つまり、天干は幹にあたり、地支はその根っことして見るのです。

（1）生まれ日が、甲・乙（木）の人で、二月・三月・四月の春の生まれでなく、地支に、寅・卯・辰・亥・子（甲乙の根）がなく、さらに天干に甲の木や、どこにも壬癸の水の潤いがない。

（2）生まれ日が、丙・丁（火）の人で、春夏生まれでなく、地支に、巳・午・未・寅・卯の根がなく、天干に助ける甲乙の木も丙丁の火もない。

（3）生まれ日が、戊・己（土）の人で、五月・六月・七月の夏生まれでなく、地支に、巳・午・未・辰・戌・丑の根がなく、天干に扶助する丙丁の火や、戊己の土がない。

（4）生まれ日が、庚・辛（金）の人で、八月・九月・十月の秋生まれでなく、地支に、申・酉・辰・丑の根がなく、天干に戊己土の助ける土がなく、庚辛金の兄弟星もない。

（5）生まれ日が、壬・癸（水）の人で、秋冬の生まれでなく、地支に、亥・子・申・酉の根がなく、天干に助ける庚辛の金がなく、壬癸水もない。

これにあてはまる人は、命式のバランスによって異なることもありますが、70％ぐらいの確率で「柔命」になります。また、生まれ時間が不明の場合、生まれ時間に、生まれ日を強く扶助するものがあったりすれば、「旺命」となる場合もあります。

ですから、必ず前記の「自己性情診断」で、確認してみてください。

次の「柔命」の命式は、会社社長として活躍されている人のものです。

◇しまむら社長・野中正人氏の命式

生年	一九六〇年		庚金＋	子癸水－
生月	七月		癸水－	未丁火己土－＋
生日	二二日	**（我）**	**辛金**	亥甲木壬水－

（＋は我を扶助する星で、－は助力しない星です）

大運

癸未	〇～　五歳	
甲申	六～一五歳	好調運（金運）
乙酉	一六～二五歳	好調運（金運）
丙戌	二六～三五歳	好調運（金運）
丁亥	三六～四五歳	潤い運（水運）
戊子	四六～五五歳	潤い運（水運）
己丑	五六～六六歳	潤い運（水運）

野中氏は日本の実業家として、会社の発展に大変貢献された人材です。

命式を見ても決して「旺命」とはいえず、ごく普通の「柔命型人材」です。

氏の命式は、辛金の人で、夏の土用月の生まれで、貴金属の辛金は七月の夏の暑さには熱中症のように弱くなります。しかし、幸いにも年上に兄貴分の庚金があり、年支には子の中に癸水があって、何とか潤《うるお》っています。ですから、用神（守護神）は金と水となります。

大運は、六歳から青年期の三五歳まで金垣《きんえん》（金のグループ）運で、金の運は我が身を強くするとともに、金は潤いの水を生み助け、最高潮の運です。そして、ちょうど最高運の二四歳で、しまむらに入社しています。

大運三六歳からは水の運となり、土用《どよう》の渇いた土を潤い、土が我が身の辛金を培《つちか》う運となっています。そして四五歳で代表取締役社長に就任し、五五歳で現任の代表取締役社長・社長執行役員として、活躍中です。

このように、能力のある「組織人」で「柔命」の人は、大運が好調運に入ると、その間とても発展できるのです。

ただし、くり返しになりますが、「柔命」の人は、創業に向いていません。

◇NTTドコモ社長・山田隆持氏の命式

生年	一九四八年	戊土＋	子水－
生月	五月	丁火－	巳火－
生日	五日	**（我）庚金**	寅火－

大運

丁巳	〇～一〇歳	
戊午	一一～二〇歳	
己未	二一～三〇歳	
庚申	三一～四〇歳	好調運（金運）
辛酉	四一～五〇歳	好調運（金運）
壬戌	五一～六〇歳	好調運（金運）
癸亥	六一～七〇歳	好調運（水運）
甲子	七一～八〇歳	好調運（水運）
乙丑	八一～九〇歳	好調運（水運）

（我）庚金日に、そして初夏に生まれ、山田氏も木と火の制圧（相剋）する五行が多くなっています。この命式は「柔命」となりますので、助ける金性と、夏生まれですから潤す水が必要です。つまり用神（守護神）は「金と水」となります。

大運は、三一～六〇歳までが金性の運となり、さらに六一歳より水の運が巡り、年上の戊土を潤し、戊土は我庚金を生じ助けます。氏も**「柔命」で「組織型人材」ですが、運も良く、才能も抜群であれば、トップとなる**のは当然です。

次に、「旺命」の条件を考えてみます。

4.「旺命」で、「創業・起業型」の条件

十年以上も前になりますが、ある夫婦が突然「もんじゃ焼き」屋を開業したいと相談に来ました。私自身は、「もんじゃ焼き」は食べたことはなく、そもそも関西では「お好み焼き」が主力ですので、「もんじゃ焼き」をよく知りませんでした。

そこで、「もんじゃ焼き」屋の将来性そのものは別として、ご夫婦と、次に経営者となる長男の命式を見ると、皆「旺命」でした。これは間違いなく「自営・起業型」一家です。早速、開業の場所、オープンの日取り、店内のデザインなどを打ち合わせて開店の運びとなりました。

今では、「山吉」の屋号で、店舗数は奈良県内でも五店を越え、「おいしい」と評判で、いつ行っても満席の盛況です。

注目してほしいのは、**成功した「創業者」のほとんどが「旺命」の人**ということです。

それでは、あなたが「旺命」であるかどうかを、「自己性情診断」をしてみましょう。

1. 環境の変化に適応して、その決断力がある。
2. 上司と意見が対立する。
3. 世話事を進んで行い、いやがらない。
4. 話し上手より、聞き上手。
5. 何でも自ら率先して行動する。
6. カリスマ性があり、人が集まってくる。
7. 外見はおっとりとして見えるが、内面は大変頑固で気迷いがない。
8. 行動力は、敏速果断である。
9. 競合相手を過小評価しない。また、悪口を言わない。
10. 良いときも、悪いときも、その態度はいつも平常心である。

以上10項目の内7点以上であれば、「旺命」で起業のできる人です。
これらは、「旺命」の人と面談した際の観察データによるものです。

次に、運命式による「旺命」の判断です（生まれた日干が、自分の星です）。

(1) 甲・乙（木）日の人は、命式に十二支が寅卯辰亥子。天干に壬癸水がある。
(2) 丙・丁（火）日の人は、命式に十二支が巳午寅卯。天干に甲乙木がある。
(3) 戊・己（土）日の人は、命式に十二支が辰戌未丑巳午。天干に丙丁がある。
(4) 庚・辛（金）日の人は、命式に十二支が申酉辰丑。天干に庚辛戊己がある。
(5) 壬・癸（水）日の人は、命式に十二支が亥子申酉。天干に庚辛壬癸がある。

生まれ時間やバランスによって異なる場合がありますので、前述した「自己性情診断」を参考に、確認・判断をしてください。

◆有名創業者の命式

楽天の創業者・三木谷浩史氏

生年	一九六五年	乙木＋	巳火－（用神）
生月	三月	甲木＋	卯木＋
生日	一一日	**我甲木**	子水＋

我甲木（樹木）にて三月の春に生まれ、春は樹木が最も繁茂する季節です。

また、生月の天干に甲木、そして年干に乙木と、我と同じ気の木星が並び、さらに生日地支に子水の潤いがあります。我を強くする＋（プラス）が多く、強力な「旺命」の命式です。強力な「旺命」は、「まず我から洩《も》らすがよろしい」という法則があります。これは、強くて抑えきれない場合は、そのパワーを次の五行に生じ洩らして減じさせるということです。ですから用神（守護神）は、生年の地支にある巳《み》火《か》となります。つまり、我甲木（樹木）から火を燃やし生火させて秀気を洩らすのです。気を洩らすことは創意工夫となり、類を見ないようなベンチャー起業として発展する可能性があります。強い我の力を洩らすということは、秀でた感覚感性の気を吐くことになるのです。

大創産業（１００円ＳＨＯＰダイソー）の創業者・矢野博丈氏

				蔵干（余気・中気・正気）
生年	一九四三年	癸水－	未	丁火・乙木・己土＋
生月	四月	丙火＋	辰	乙木・癸水・戊土＋－
生日	一九日	**我丁火**	未	丁火・乙木・己土＋
生時（想定）	十二時	丙火＋	午	丁火＋

優先

蔵干《ぞうかん》（十二支に含む干）について、「第八章　運命式の見るポイント」で詳しく説明しますが、ここで少し触れておきます。

未は蔵干にある正気が己土ですが、生月、生日の天干に丙火《へいか》が二位も出干しているので、未中の火である丁火《ていか》を優先しました。生時は、矢野氏の業績から想定して、木または火の時間と推察しました（註：「命理学四柱推命」では、蔵干の選定は天干《てんかん》に出ている干星を優先します）。

氏は、丁火の人で、強くする火が多くあります。年の天干に水がありますが、地支に火土が多く、消火する水は弱く孤立しています。つまり、我が身（火）を制圧する水がないに等しく、「旺命」と見ます。したがって、我丁火は、土に洩《も》らして、我が力を削減する以外に手はありません。

なぜなら、用神（守護神）は秀気を洩らす土になるからです。それによって、火は灰になり、灰は固まって土に化すのです。これを「火生土」と称して秀気を洩らすと称します。幸い、この命式で見ると、年月日の地支にある未と辰に含まれている土に洩らすことができます。

この命式の人は、我が身から洩らす秀気を持ち、創意工夫にすぐれて、他人と同じことをしない優秀な人柄となります。

ユニクロの社長兼会長・柳井正氏

生年　一九四九年　己土＋　丑水金土＋

生月　二月　丙火＋　寅火木＋（火を優先）

生日　七日　**我戊土**　辰土＋

我戊土に生まれ、生月天干に丙火があり、月令地支の寅火《いんか》は、丙火の根となります。さらに丙火が火生土（火が灰になり土を生むこと）と我が戊土を助け、なお、土は、強める年上の己土、日支に辰土があり、完全な「旺命」です。

そして、生年地支にある丑中の金に、我が土から土生金と洩らし、柳井氏も創意工夫にすぐれた「旺命」の人といえます。

ニトリの創業者・似鳥《にとり》昭雄氏

生年　一九四四年　甲木－　申水金

生月　三月　丁火＋　卯乙木－

生日　一日　**我戊土**　辰土＋

似鳥氏は、戊土で、生月天干に火生土と丁火の扶助があり、さらに生年の天干甲木と生月乙木が、生月の天干にある火を燃やし、そして灰となって土に化します。そして、我が身の戊土は強くなって「旺命」となります。つまり、木→火→土となって我が土に周流するのです。

また、我戊土は、生年の地支申中にある金に、土生金と洩らして創意工夫の働きをして、木→火→我㊏→金→水と五行すべてに周流している優《すぐ》れた命式となっています。

スタート・トゥディの創業者・前澤勇作氏

生年	一九七五年	乙木−	卯木−
生月	十一月	丁火−	亥水＋
生日	二二日	**我壬水**	申水＋
生時	午後一一時 想定	壬水＋	子水＋

（註：生時は前澤氏の業績から想定したもの）

大運		
丁亥	〇～五歳	
丙戌	六～一五歳	強運（金運）
乙酉	一六～二五歳	
甲申	二六～三五歳	
癸未	三六～四五歳	財運（金運）
壬午	四六～五五歳	
辛巳	五六～六五歳	

我壬水に生まれ、冬月の水旺ずる月に生まれて月令を得ています。さらに生日の地支に申の金と水がありますから、一応「旺命」と見てよいでしょう。ただし、木と火の五行にも根があり、強すぎる「旺命」とはいえませんが、初めから、㊌→㊍→㊋と流通しています。

つまり、水は木の感性を養い、また木の感性（創意工夫）は火の暖と財を生みます（我が壬水から火を見るのは、分力といって我が力を消耗させて得るので、財と称します）。

したがって、一六～三五歳までの大運を見ると、我が身を助ける金性の運で勢いを得てよく発展し、続いての後年運は、財運を巡り、無理をしなければ、そのまま財豊かな運勢といえます。

氏の運命式は、大運が強くてもよく、第二段の弱い大運にそのまま入っても持続できる、バランスのよい特殊で見事な運命式になっています。つまり、初めから財を生み、若くして大富豪になる天命を授かっているのです。

要するに、**創業者の共通点は、まず「旺命」であり、さらに創意工夫する星があることです。そして工夫は財を生むのです。**


人生にとって、「柔命」「旺命」の区別は、大変重要です。

「柔命」の人は「組織型人材」であり、すぐれた才能があれば、大組織、大手企業の中でトップの役員として、栄光の地位を獲得できる人となります。

また、「旺命」の人は、学歴、職歴に全く関係なく、無一文から企業の創業者として、世界に躍動できる人たちです。

つまり、人それぞれに、個性に適応した「天命」を授かっていることを知るべきです。

次に、幸運なライフ・スタイルを構築するための、最も大切な「健康」と「ラッキーカラー」について述べていきます。

5. 健康の秘訣

世界保健機関（WHO）では、「健康とは、病気でないとか、弱っていないということではなく、肉体的にも、精神的にも、そして社会的にも、すべてが満たされた状態にあることをいう」と定義されています。

その満たされている健康のために、健康食品、ダイエット、テレビの健康番組、健康グッズCM、駅近くにあるフィットネスクラブ等、とにかく健康産業であふれて、今やどこもかしこも健康ブームです。

筆者が、若輩のとき、「命理学四柱推命」を、師匠・塚脇先生（故人）から学んでいた折に、大阪の商店街で漢方薬店を営んでいた兄弟子がいました。彼の店に行って驚いたのは、その繁盛ぶりでした。

盛況の原因は、「命理学四柱推命」を活用して、訪れた方の健康上の弱点は、どの部分であるかを適切に鑑定して、漢方薬を処方していたからです。つまり、兄弟子は、五行の法則に基づいて処方していたのです。

例えば、我甲木日生まれの人で、夏生まれの場合、水の五行を欠かすことができません。用神（守護神）は水になり、水に関係するものが良薬になるからです。

しかし、命式の中に水が少なければ、あるいはまったくなければ、「火」の病となります。次項の「五行の五体五色表」を参照してください。表には、火は心臓病と記されています。したがって、心臓を健康にするためには、日頃から火を抑制する水分を多く摂取する必要があることがわかります。また、特に手遅れにならないよう、医師に循環器系の検査・検診を受ける必要があるでしょう。

実は、自《みずか》らも体験した話ですが、筆者の命式は、我癸水の日で、六月の仲夏月に生まれています。ですから用神（守護神）は水で、なお水を助ける金星も守護神となります。幸いに生年が壬申で金水の守護を持っていますが、やはり高齢の身としては心配です。

そこで心臓カテーテル検査をしたところ、心臓循環器（血管）の一か所が狭くなっている部分が見つかり、ステントと称する血管を広げる処置をすぐにしてもらいました。お陰さまで今では心臓循環器については、何の苦もなく毎日を過ごすことができています。

ほかにも、命中（命式）に水が多すぎる上に、秋冬の寒冷に生まれた人は、次項の「五体五色表」からもわかるように、進んで腎臓や、肺の検診を受診すべきです。そして、多くの方が冷え性ですから、温かい根菜類が健康食となり、守護神は「火と土」となります。

同じように、各五行とも判断していきます。

安倍総理を例にあげますが、総理は我庚日の生まれで、秋月に生まれ庚金が強くなる月に生まれているので金性が多くなっています。金の五行は「大腸」の象意です。ですから、腸が欠陥となります。幸い、命式に、薬となる木・火の五行があって、木火の守護神が護っていますが注意と療養を怠ってはなりません。

「命理学四柱推命」の真髄は、生年月日時の運命式を見て、生まれた気候や、持っている五行のバランスにより、どの五行（木火土金水）が不足しているのか、どの五行が多すぎるのか、それによってどの五行を必要とするのか、を看る学問となっていることです。

「命理学四柱推命」では、必要とする神（五行）が「守護神」となります。これを「用神」

と呼称していますが、「守護神」さえ判明できれば、運勢、健康、職業の選択、配偶者、子供、その他すべてがわかり、その対策も得られます。

このように、「命理学四柱推命」は、興味本位の占いではありません。千年以上も歴史のあるデータによる生活のための高度な運命学なのです。

6. 五行の五体と五色

次頁に「五行の五体五色表」を示します。これは特に健康の自己診断、薬剤、健康食に応用できます。

つまり、**命式に、五行（木火土金水）が多すぎたり、少なかったりするのが病となり、そのために必要として望む五行が、薬となり、守護神になる**のです。

「五行の五体五色表」は、健康のための対策と、他にあなた自身の運気を高める真のラッキーカラーを示したものです。常に活用してください。

五行の五体五色表

五行	五臓	五腑	五感	五官	五体	五味	五穀	五色
木	肝臓	胆嚢	見	目	頭	酸《すい》	米	青
火	心臓	小腸	聞	耳	首	苦《にが》い	麦	赤
土	脾臓	胃	嗅	鼻	胸	甘《あま》い	あわ	黄
金	肺	大腸	味	舌	手	辛《から》い	きび	白
水	腎臓	膀胱	触	皮膚	足	塩辛い	豆	黒

五行の五体五色表の見方

「命理学四柱推命」の命式は、すべてが五行（木火土金水）の十干の配置からできています。

くり返しになりますが、十干では、木は甲乙であり、火は丙丁であり、土は戊己、金は庚辛、水は壬癸、とそれぞれ陰陽に構成されています。

また、十二支は、その中に蔵干として、十干が含まれています。例えば、亥には戊甲壬、子は癸、丑には癸辛己、寅は戊丙甲、卯には乙、辰には乙癸戊、巳には戊庚丙、午は丁、未は丁乙己、申は戊壬庚、酉は辛、戌は辛丁戊と、子午卯酉は一干、他は三干ずつ含まれています。

これを難解と思われる読者も多いかもしれませんが、命式の中に何が多くて何の五行が少ないのかを知ることができるのです（「第八章　運命式の見るポイント」で詳しく解説します）。

次の運命式で命式の見方を示します。

		蔵干
生年	戊土	申（戊壬**庚**）金
生月	壬水	戌（**辛**丁戊）金
生日	癸水	丑（**癸**辛己）水
生時	庚金	申（戊壬**庚**）金水

優先

申酉戌と、方垣合（金のグループ）

酉をはさむ

（註：地支の蔵干（含まれているもの）の優先は、天干の五行を見て、そのバランスで優先します。そして年月の方垣合《ほうえんごう》も、第八章で詳しく説明します）

この命式の鑑定は、我癸水で、水が二、水を金生水と扶助する金が四もあって、旺命、つまり身が強くなり、金水の五行が多い命式となっています。さらに生月が、晩秋・秋冷の候で、急ぎ温暖の火が必要となるので、火が用神（守護神）となります。また、この命式には何の五行（木火土金水）を必要とするのかを看る「病薬法」では、その必要な五行を薬とします。

例えば、秋冬生まれで、しかも命式に水の五行が多すぎると、多すぎる水が病で、それを暖める火と抑制する土が薬になります。具体的には、水が多くてそれが病であれば、食生活や健康に良いのが、土中にある根菜類、大根・人参・ごぼう・レンコン・芋類、そして五行の五体五色表から、甘いもの・温かいもの、穀物は粟《あわ》などとなっています。

この「水気」の病を五体五色表で見ると、水は腎臓、膀胱、皮膚です。つまり、健康面での弱点は、腎臓、膀胱などの臓器ですから、体調が不調な時（予防のため）には、この臓器の検査・診断を依頼するのが望ましいでしょう。

そして、前述の「病薬法」のように、食事療法にも留意することです。

「ラッキーカラー」も同様に、五行の五体五色表をみると、火と土の色、つまり、暖色の赤・茶色・黄色系統になります。

「命理学四柱推命」は、五行（木火土金水）のバランスを見ていきます。この五行のバランスは、漢方医学治療において重要視されていますが、最近では、現代医学でも応用されているそうです。また、命式において、五行がアンバランスとなって偏ったものを、健康上の弱点と見ていきます。そして、多く偏った五行を抑えたり、洩《も》らしたり、必要とする五行やそれを補う五行が薬となるのです。

くり返しますが、火の病なら水が薬となり、水が病なら土のもの、温かいもの、つまり根菜類が薬となり、健康食となります。

医師でない筆者は、はっきりと病名の指摘はできませんが、健康上の問題点を見つけて、病気の早期発見を促し、その対策に大きな効果があるのは間違いありません。

7. あなたのラッキーカラーは？

巷間では、よく開運風水と称して、服飾、ひいては財布・持ち物まであなたのラッキーカラーを指定していますが、その根拠は不明です。

「命理学四柱推命」では、五体五色表にある「五色」は、五行にはそれぞれの色体があるとともに、その方位があるという考え方です。

つまり、**水星は北方位にあり、木星は東方位にあり、火星は南方位に位置し、金星は西方位**を示します。そして**土星は中央**に存在しています。

中国の古代の人々は、空に張りついたように動かない恒星の間を運行する五つの星である惑星を発見しました。その色から地上の五物と同じ性格のものと類推して、木星・火星・土星・金星・水星と名をつけたのです。

この五つの惑星を五行と呼び、木星は青く、火星は赤く、土星は黄色で、金星は白く、水星は黒く光ります。土が黄色というのは、中国の黄河流域は黄土層で、土の色が黄色であるからです。また、金の色が白色なのは鉄の色です。そして、その色体は色体表のとおりで、**水は黒、木は青（緑も含む）、火は赤、金は白、土は黄**となります。

また、その方位・色体には、各々守護する神が配置されています。北方位は玄武《げんぶ》＝蛇と亀、東方位を青龍《せいりゅう》＝龍、南方位は朱雀《すざく》＝鳳凰、西方位を白虎《びゃっこ》＝走る白い虎、といったようになります（「走る白虎」とは、地相や家相では西方位は財にあたり、財を得るには走る努力を必要とし、また、西は広い道路も意味します。今では高速道路にあたるでしょうか）。

例えば、奈良の「高松の古墳」及び「キトラの古墳」には、四神降臨として、この四神図が四方周囲の壁に、「四神像壁画」として描かれ、公開されています。

この四神の信仰は、古代中国で誕生し、日本へ伝えられたのですが、風水では、これを応用し、この四神が配置された土地は最高の地とされています。

つまり、北に岩山が聳《そび》えて風波を遮り「玄武」、東は低地となって清流の川があり、かつ昇る太陽を拝し「青龍」、南は温暖で海岸に鳳凰（鳥）が舞う「朱雀」、そして西には大通りがあって走り、賑やかな「白虎」という土地にある屋敷を、「四神相応の地」と称して神が宿るとしています。

このような土地を現実に手に入れることは大変至難なことでしょうが、せめて東に川が流れ、南は低地で広がりがあって太陽が早く昇り、店舗は西に道路（西は金気の地ゆえに）がある敷地が望ましいでしょう。

この「四神相応の地」を活用した身近な例が、相撲の土俵です。テレビでよく見ればわかりますが、土俵の東側に青房が、南には赤房、西に白房、北側に黒房が上から架けられています。そして中央は黄色の土です。これらは、五行の色体を活用しており、かつ四神を配置したものであり、四神は四方を守護し、五行の色体は、それぞれを守護する、守護神のカラーです。

☆あなたを守護してくれる、本当の「ラッキーカラー」は？

まず、ＰＣ、スマートフォンで、「四柱推命運命式作成」を検索し、生年月日時を配した「命式」をご覧ください。

そして、命式の中で、何の五行（木火土金水）が多すぎるのか、少なすぎるのか。そのため何の五行が必要なのか、を確認してみてください。特に、生まれた季節、つまりその気候が70%まで影響しますので、参考のために記しておきます。

例えば、

（1）十一・十二・一月生まれの人は、冬月の寒冷で水勢が強いがために、太陽の温暖の赤い色、及び水を抑制し堤防となる土の黄色、または茶色がラッキーカラーになります。

（2）二・三・四月生まれの人は、春月となり樹木が茂る気候です。しかし二月はやや寒いので太陽の赤色がよいが、三月・四月は陽気が盛んとなるので、水が恋しくなり、水の色の黒がラッキーカラーです。グレーでもOKです。

（3）五・六・七月生まれの人は、夏月で炎暑の気候ですから、水を欠かすことができず、水の色の黒と、水の源になる金（鉄鉱石・金属）の色の白がラッキーカラーです。つまり、ラッキーカラーは白黒です。

（4）八・九・十月生まれの人は、秋冷の季節ですから、火の色である赤と、青（緑）の暖色系統が吉です。

その上に、全体のバランスを見て、必要な五行（木火土金水）が守護神で、その五行の色が、真の「ラッキーカラー」となるのです。

最後に、「水はなぜ黒色なのか?」とよく質問されるのですが、この場合の「くろ」とは漢字に当てはめると「玄《くろ》」という字になります。水が重なるように経験豊富な職種を持つ人を「玄人《くろうと》」といいますが、プロフェッショナルのことです。また、深く海水が重なる玄界灘にも「玄」が使われていますので、黒色は深い藍の色であり、濃紺も黒のカラーとして使用してもよいのではと思います。つまり、水の重なった深い色と理解するとよいでしょう。

「あなたの『ラッキーカラー』はこの色ですよ」と相談に来た方に指摘しますと、「実はこの色は大好きです」と答えが返ってくることが多いのです。これは、おそらくスピリチュアルな考え方からも、当人の潜在意識が守護色として望んでいるのでしょう。

色体表と、当人が好きなカラーとが一致するのは、それが本当の「ラッキーカラー」である証拠として確信できます。

第四章 玉女《ぎょくじょ》と旺女《おうじょ》

メッセージ

玉女は

玉の輿ではありません

とても素敵な魅力ある知的美人です

そして高いスキルを持ちます

旺女は

起業家タイプです

ハガネのような強い精神力を持っています

でも結婚は二の次になりそう

1. 玉女《ぎょくじょ》という才女

私はよく大手生命保険会社で講演をしていましたが、この「玉女」の話をすると、女性営業社員全員が目を輝かして聞きほれます。

「玉女」とは、「命理学四柱推命」において、後に述べる誕生日が、「玉日《ぎょくじつ》」の場合をいう名称です。「玉女」は、とても魅力的な女性です。そして、知的でよく働き、活動的です。特に男性にとってはメロメロになるほどの魅力があります。

昔からの言い伝えでは、「玉女は男性の精気を吸って、男を駄目にしてしまう魔女のごときである」と、何とも恐ろしい形容がなされていましたが、「それは昔のことでしょう」と一笑に付しておきます。

しかし、美人で賢く、よく働き稼いでくれる「玉女」と結婚した幸せな男性は、自分は働かなくなって、次第に「なまくら」な夫に成り下がってしまうことはあり得ます。そうなると、当然、彼女は愛想をつかして離婚することになるでしょう。

また、「玉女」は「霊力」が非常に強いという特徴があります。「女の一念、岩をも通す」という言葉もありますが、これは「玉女」の発散する強力なパワーに男性は負けてしまい、次第に衰運となっていくのではないかと思われます。

今ではあり得ない話ですが、よく時代劇で、恨み敵対する人間をわら人形に見立てて五寸釘で打ったり、善行《ぜんこう》では国や民衆の幸福を祈ったりする「自然呪術」などでも、女性のパワーが発揮されてきたという歴史があります。

もちろん、「玉女」でなくても、女性には本能として「女の一念」が強いがゆえに、幼児を産み育てる強力な力を発揮できる素晴らしいエネルギーを持っているのです。

では、夫が健康でしっかりと頑張り、家庭円満であり続けるには、どうすればよいのでしょうか？

まず、充満する妻のエネルギーを何か他のことで消費させることです。つまり、「玉女」は、専業主婦にならず、趣味でも何でも多忙であれば結構ですから、精神的に発散できる仕事をさせることです。ただし、育児中は別です。このときは、子供に集中しなければなりません。

また、夫が仕事で出張が多いとか、転勤して離れて暮らすのは、大変ベターです。「亭主達者で留守が良い」ということでしょう。

ある日、中年の婦人が離婚したために仕事を探したいという相談に来られました。彼女を鑑定したところ、しっかりとした「玉女」でした。

そこで、経歴などを聞くと、若い時に美容師の資格を取得していたそうです。私は当然のように、美容院の開業をお勧めしました。

二年ほどして、再びお会いした折、お店は大変繁盛しているばかりか、素晴らしい男性と再婚し、幸せな日々を送っているとのことでした。

「ただ、一つ悩みがあるとすれば、夫が東京へ転勤し、別居生活になったことです。でも、夫は一週間に一度は帰ってきますので、いわゆる土曜夫人ですよ」と、楽しそうに笑っていましたので、私は『玉女』とはどのような者かを説明した後、「あなたはその玉女ですよ」と言いますと、少し驚きながらも納得したようでした。

さらに、「主人が一時離れて暮らすことは、大変良いことです。あなたの強い『霊力』が、仕事にのみ向かい、仕事へと発散するからです。ご主人と二人の幸せのためには、大変結構なことですよ」というと、彼女は安心すると同時に、仕事への意欲がますます高まったようでした。

このように、「玉女」は大変魅力的で、生命力も強く、さらに理知的な女性です。

ただし、「玉女」には、「組織経営者」タイプと「起業事業主」タイプがあります。会社員から才能を認められ、運勢もよろしく抜擢されて、社長にまで出世する「組織経営者」タイプと、自営で成功できる「起業事業主」タイプとの違いを明確に見極める必要があります。この天命に従わなければ、吉運にはなりません。

そのため、「組織経営者」タイプの人がいくら魅力ある「玉女」であっても、多くの人はやはり、組織の中で活躍します。自営業で成功していくには、「起業事業主タイプ」の「旺女《おうじょ》」を兼ねていなければ無理が生じます。

前述した美容院を起業した彼女も、「玉女」に加えて、次項に述べる「旺女」の女性であったから経営的にも成功できたのです。本書では、「起業事業主」タイプの女性のことを、「旺女」と呼称しています。

そこで、「組織経営者」タイプと、「起業事業主」タイプとの見方を、誰でもわかるように、次項で列記しておきます。

2.「旺女《おうじょ》」という頼りになる才女

魅力的な才女には、玉女の他に「旺女」と称する女性だいます。「旺女」とは、「命理学四柱推命」でいう「身強の女性」、つまり「旺命」のタイプの女性です。身強では、身体が強いという間違ったイメージを持つ人がいますので、筆者は「旺女」と名付けました。

「旺女」は、オンとオフの切り替えがハッキリとしていて、誰よりも、完璧と思える働き方をします。一般的には、しっかりとした精神を持つ、ハイレベルなキャリアウーマンと言ったほうが理解しやすいかもしれません。

彼女たちは恐れを知らないほど、度胸も愛嬌もある人なのです。会社員であれば平社員でなく、ほとんどの「旺女」はビジネスに自信を持ち、ステータス・シンボルを持って、常に向上心のある誇り高き女性です。ですから、女性企業家のほとんどが「旺女」です。

性格は、一見オットリとして柔軟な感じに見えますが、内面は頑固で何事も完全主義のところがあります。しかも賢明です。

問題は結婚ですが、聞いてみると結婚願望はあるようです。ただ仕事オンリーであるために、独身者になりがちで、結婚しても離婚してしまうことが多いようです。特に、「玉女」と併せ持つ「旺女」の縁は、いうまでもありません。

では、「玉女」とか「旺女」の自己判断はどうすればよいのか、気になるところだと思います。

3.「玉女」の見方

「玉女」の場合は、まず生まれ日で見てください（註：生まれ年ではありません）。

第一章でも述べましたが、最近では、ＰＣやスマートフォンで検索すれば、直ちに判明します。

まず、「四柱推命運命式作成」で検索してください。そうすると、生年月日の記入欄が出てきますので、そこに書き込めば、「四柱推命の命式」として、生まれ年の柱、月の柱、そして生まれ日の柱がわかります。次に、その生まれた「日柱」のみを見てください。

その日柱が次の命式であれば、玉女となるのです。

丁卯・丁丑・丁亥・丁酉・丁未・丁巳・甲午・甲辰・丙午・己丑・庚子・辛未・癸未の生まれた日

（註：昔は巷間で、生まれた「年」が丙午なら男殺しだと言われてきましたが、大きな間違いです。くれぐれも生まれた「日」で見てください）

次に「旺女」の見方を検索してみます。

4．「旺女」の見方

「旺女」は、玉女と異なり生まれた日だけではわかりません。生年月日を「命理学四柱推命」で判断するのですが、生まれた日が自分の星（我）とし、四柱全体の五行（木火土金水）であるバランスを見ながら、生まれた季節（春夏秋冬）を重点的に加味して、我の強弱、つまり生日が「旺命」か「柔命」であるかを判定します。

初心者がこれを会得するには、何年もかかるほど大変苦労するところです。

しかし、「何年もかかります」では話になりませんので、本書では、次の方法で鑑定することをお勧めします（命式を見るには、前記のように、PC、スマホをご利用ください）。

まず、生まれた日が自分の星（我）になります（年ではありません）。そして、生まれた月の季節を見ます。これを「月令」といいます。月令は、「旺女」「柔命」を判断するのに70％まで影響しますので、その月令による「旺女」の条件を記してみます。

例えば、木の日生まれの春月は、よく繁茂しますので「旺女」になっています。

1．　生まれ日が、甲・乙「木」の人――――二月・三月・四月に生まれた人

2. 生まれ日が、丙・丁「火」の人――――五月・六月・七月に生まれた人
3. 生まれ日が、戊・己「土」の人――――六月・七月・十月に生まれた人
4. 生まれ日が、庚・辛「金」の人――――八月・九月（十月）に生まれた人
5. 生まれ日が、壬・癸「水」の人――――十一月・十二月・一月に生まれた人

ただし、庚・辛「金」の人で、十月戌月生まれは、戌の中に火が含まれていますから、隣の十二支に午火があれば火となるので「柔命」になります。この場合でも、年・日に申酉の金があれば、庚辛金の根になって「旺女」になります。

たとえ月令（生まれ月）を得ていなくても、生まれ日と同じ五行が目立って並んでいれば、次の命式のように、「旺命」で「旺女」となります。

生年が二〇一七年　丁火－　酉金－
生月が　十一月　辛金－　**亥水木＋**
生日が　二三日　**甲木【我】**　**寅木＋**火を含む
生時が　午後八時　**甲木＋**　戌－火を含む

この命式は、初冬の生まれですが、同類の木が並び扶助して、「旺命」となります。また、この命式の用神（守護神）、つまり必要な「五行」は冬生まれですから、火の暖が欲しくなりますが、幸いに日支寅中に丙火の太陽が含まれています。

さらに、年上の丁火は、甲木（我）から見れば、我から秀気を吐く工夫の星となりますので、丁火は木→火→土と流通し、創意工夫が財を生じさせるキャリアウーマンです（後の章で述べますが、この場合の土は、用語でいう財になります）。

このように、四柱推命に馴染みのない方は「命式」はわかりにくいかもしれませんので、長年の鑑定データから、このタイプの人が「旺女」となりますので、左記の**「自己性情診断」**をしてみてください。

「旺女の自己性情診断」

1. 依存心がない。
2. 話し上手より聞き上手。
3. 仕事を他人に任《まか》せきれない。
4. 外見はオットリとして見えるが、内面は大変頑固で、性根がしっかりとしている。
5. 環境の変化に適応して、その決断力がある。

6. 世話事を進んで行い、いやがらない。
7. 他人の意見は一応聞くが、実行しない。
8. 上司と対立する。
9. カリスマ性があり、人が集まって来る。
10. 何でも自ら率先して行動する。

以上10項目の内、7点以上あれば、「旺女」になります。

このように、「旺女」は、誰にも負けないキャリアウーマンとして、また起業家に必要な能力を持つ、頼りがいのあるすてきな女性です。あわせて「玉女」であれば、それこそ男殺しといわれるくらい、人々を引けつける磁石のような魅力あるリーダーとして存在します。

参考のために、名前を聞けば誰もがわかる「玉女」と「旺女」を、ほんの一部ですが紹介しておきます。

ちなみに、紙面の都合上、数名のみ命式を出しておきます（註：十干と十二支の下に、我が身日元から見て、扶助される星を＋、扶助されないのを－と印《しる》しておきました）。

「**玉女**」（敬称省略）

黒柳徹子・若村麻由美・石川さゆり・小倉優子・青木愛・国中涼子・羽田美智子

運命式の例

黒柳徹子

生まれ年	一九三三年	癸水ー	酉金ー
生まれ月	八月	庚金ー	申金ー
生まれ日	九日	**丁火我**	未火＋土ー

大運

庚申	～一〇歳
辛酉	一一～二〇歳
壬戌	二一～三〇歳
癸亥	三一～四〇歳
甲子	四一～五〇歳
乙丑	五一～六〇歳
丙寅	六一～七〇歳
丁卯	七一～八〇歳
戊辰	八一～九〇歳

命式を見ると「柔命」ですが、活動状態を見るとおそらく生まれ時間に、**丁火【我】**を強くする甲乙木・丙丁の火があるもの（AM7時～PM1時？）と推察できます。甲乙木や丙丁の火があると、賢明で優秀な頭脳の持ち主となり、さらに運は強くなると推察できるからです。

大運（大局的な運）は、若年運は水の運で、精神的な弱さもあり苦労した運でしたが、六一歳くらいからは、健康も優れ、大変好調運になっています。九〇歳の節目を過ぎても、なお元気な大運になっています。

石川さゆり

生まれ年	一九五八年	丁火＋	酉金－
生まれ月	一月	癸水－	丑水－
生まれ日	三〇日	**我丁火**	未土火＋

大運	
癸丑	〜一一歳
甲寅	一〇〜一一歳
乙卯	二〇〜二一歳
丙辰	三〇〜三一歳
丁巳	四〇〜四一歳
戊午	五〇〜五一歳
己未	六〇〜六一歳

彼女は、丁火日生まれの「玉女」です。年上に丁火のプラス（＋）がありますが、丁火が冬月に生まれてマイナス（－）が多く、「柔命」になります。

「柔命」の人は、外見は活動的に見えますが、常に追われているような気ぜわしいタイプであるため、無駄な動きも多くなります。しかし彼女は、大運という大局的な運が、六一歳まで最高潮です。そのため、多くのステージを一生懸命にこなし、「玉女」で魅力的な美貌の歌手として、またその歌唱力と美声にファンの人気は高まります。

また、事業欲を持つ人は、彼女のパワーを見逃さず、銀行も融資をしますので、一九八〇年代の後半に、カラオケボックス運営会社を知人と起業し、三十店舗ほど展開したそうです。

彼女には、実業家の一面もあったようですが、残念ながら起業できるタイプではありません。**「柔命」は絶対に起業してはいけないという厳しい法則**が、「命理学四柱推命」にあるからです。

そして、ついに破綻し、石川さゆり氏個人の連帯保証により、彼女の自宅は一時差し押さえられ、十億円の賠償金を支払い決着したと、伝えられています。

これなどは、「組織型経営者タイプ」と「起業事業主タイプ」を見誤ったことから起こった残念な例といえるでしょう。

次に「旺女」のタイプを数人ですが、見ていきます。

「旺女」（敬称略）

安倍昭恵・桜井よしこ・沢口靖子・名取裕子・柴咲コウ・管野美穂・由紀さおり・五代夏子・藤あやこ・香西かおり・若村麻由美・国中涼子

そして「玉女」と合わせもつのが、若村麻由美、国中涼子の2人です。

若村麻由美（玉女＋旺女）

生まれ年	一九六七年	丙火＋	午火＋火の帝旺
			↕ 七冲
生まれ月	一月	庚金－	子水－正官（地位名誉・夫星）七冲
生まれ日	三日	**丁火【我】**	卯木＋

彼女は、丁火日に生まれた「玉女」ですが、年柱は丙午火ですので、「玉女の中の旺女」です。その上に、夫星に当たる月令の子《ね》水正官（夫星）が、年支の十二支の午火と七冲《ななちゅう》（十二支の七つめで、子に含まれる水と、午に含まれる火が互いに破壊する）して傷められ、加えて「旺女」ですから、まさに魅力的な「魔女」といえます。日本髪の芸者姿などは、なんとも素敵な魅惑を感じます。

二〇〇三年に某宗教団体の会長小野兼弘氏と突然結婚の発表をしましたが、その後、夫が急性肝不全で急死したとの報道がありました。

「やっぱり！」でしょうか？

桜井よしこ

生まれ年一九四五年　乙木－　酉金－
生まれ月　十月　丙火＋　戌土＋
生まれ日　二六日　**戊土【我】**　辰土＋

大運
庚寅　三五～四四歳
辛卯　四五～五四歳
壬辰　五五～六四歳
癸巳　六五～七四歳
甲午　七五～八四歳
乙未　八五～九四歳

命式を見ると、外見は美人でオットリとしていますが、とても強い精神力の「旺女」です。土を抑制する乙木が年上にありますが、月上の丙火を助け、丙火は我が戊土を生じさせます。そして、年支の酉金に洩らし、木↓火↓土↓金と周流します。

この運命式は特殊で、火が我の土を生じ、土から金の洩《も》らす命式であるため、従旺格と称しています（従旺格とは、強固な我の星に従う意味）。つまり、我を生じる火も土も、我の星から土生金と洩らす金も用神にできるのです。ただし、反対に抑制する水木の運に巡れば悪運となりますが、幸い月上の丙火が挟んで、木生火生土と通関神《つうかんじん》の役目をしていると鑑定します。

これは、「命理学四柱推命の鑑定法」であると認識してくだされば幸いです。

大運は、巳午の火の運に入り、元気で素晴らしい活動をされると推察します。

命式から見ても、コンサルタント、ジャーナリスト、ニュースキャスターなどが天職で、天命といえます。

寺田千代乃

生まれ年	一九四七年	丙火＋	戌火土＋－
生まれ月	一月	辛金－	丑金水－
生まれ日	八日	**丁火【我】**	亥水－

大運

辛丑	〇～　一歳
庚子	二～一一歳
己亥	一二～二一歳
戊戌	二二～三一歳
丁酉	三二～四一歳
丙申	四二～五一歳
乙未	五二～六一歳
甲午	六二～七一歳
癸巳	七二～八二歳

（乙未・甲午・癸巳：好調運）

寺田氏は、アートコーポレーション（アート引っ越しセンター）の創業者です。命式は、やはり丁火日の生まれの「玉女」ですが、「旺女」ではありません。

ではなぜ、「旺女」ではないのに創業者になれたのでしょうか。実は、すでに運送会社を経営していた、ご主人の寺田壽夫氏と二人で創業されたそうです。つまり、当初は夫の壽夫氏がバックボーンとなって組織化したのです。

さらに、大運を見ますと、好調運が巡っています。八一歳までは、いわゆる我が身火が最高に輝く火の運です（専門用語では、冠帯・建禄・帝旺といいます）。

そのため、五五歳で「関西経済同友会代表幹事」に、五八歳で女性初めての「関西経済連合会副会長」に就任し、六〇歳では「日本ユニセフ協会大阪支部理事」に就任するほどの活動家でもあります。その後の大運も木気で我が火を燃やして好運が続きます。

このように、**「旺命」「柔命」を問わず、命式の中に用神（守護神）を持っている人で、さらに大運が良ければ、とても大きな発展と幸運が得られる**のです。

それでは、安倍総理夫人である安倍昭恵氏の命式を見てみましょう。

安倍昭恵

生まれ年	一九六二年	壬水－	寅火＋	大運	辛丑	四二～五一歳
生まれ月	六月	丙火＋	午火＋		庚子	五二～六一歳
生まれ日	一〇日	**己土【我】**	卯木－		己亥	六二～七一歳

好調運

命式は、己土に生まれて、外見はオットリとされていますが、内面は、意思の強い剛健な「旺女」です。しかし夏火で全体に火が多すぎるので、我が己土は乾燥してしまい、急ぎ水を欲します。

幸い年上に壬水があります。年柱に用神（守護神）があることは、先祖の恩恵が厚いと見ます。その水は、大運に水の根が通り、七一歳からも水を助ける金性運が巡ります。大運は、続いて素晴らしい好調運です。

また、女性起業家タイプといえるほど優《すぐ》れた力量のある人ですから、何か起業したくて、じっとしていられないのではと思えるほどです。

柴咲コウ

本書の執筆中、NHK大河ドラマ『おんな城主　直虎』が大変人気で、筆者も毎週の楽しみしていました。

彼女は主人公の「井伊直虎」を演じて、ますます人気が高まっているようです。

生まれた年	一九八一年	辛金－	酉金－
生まれた月	八月	乙木－	未木＋
生まれた日	五日	**我乙木**	卯木＋

（未木＋・卯木＋）合して木局し木が強くなる

大運	
丙申	二～一一歳
丁酉	一二～二一歳
戊戌	二二～三一歳
己亥	三二～四一歳
庚子	四二～五一歳
辛丑	五二～六一歳

（己亥～辛丑）水運

我乙木の人で晩夏に生まれていますので、潤いの水を守護神とします。月令の未の正気は土ですが、卯未と合して木に変化し、さらに月の天干に乙木、そして日の地支に乙木がありますので木として見ます（合については、第八章で説明します）。

よって、柴崎コウさんは「旺女」となり、起業のできる人です。大運は、潤いの水の運を巡り、ますます人気ある活動の運となっています。

余談になりますが、我乙木と同じ乙木が月の干にもあります。これを命理学では、「二《に》女《じょ》一《いっ》夫《ぷ》」といって、いつも付き合っている男性が二人存在し、結婚に迷うことを示唆しています。

このように、「玉女」や「旺女」は、優秀なキャリアウーマンです。家庭的な問題もありますが、やはり社会において活躍する天命を持って生まれています。

ただし、「柔命」タイプ、「旺命」タイプをきちんと見分けて、発展することが大切でしょう。

第五章 生気功罪の法則

メッセージ

創意工夫は財豊富となる

でも

跡取りがない

感覚の過剰は

ヒステリー

高い位は

オカネを食う

「第三章　天命のビジネス」で、「あなたは、『旺命』『柔命』のどちらのタイプか」を自己性情診断表から、自己判断ができるようにしました。

大まかにいえば、**「柔命」の人は、大運（大局の運）が良ければ、その間とても輝き、大きく発展します。一方、「旺命」の人は、大運に財星・官星（仕事・地位）の地、つまり、我が身からの剋や、剋にあう運が巡れば、大きな富みを得ることができます。**

ひと口にいえば、「柔命」は強くなる（旺ずる）運が吉となり、「旺命」は強さがバランスよく減じられるのが吉となります。

反対に、「旺命」が、重ねて強くなる運にいけば、頑固すぎて孤立することになるだけでなく、思いがけなく財が流出します。

本章では、経営の神様と呼ばれた松下電器産業（現・パナソニック）の創立者である松下幸之助氏や安倍総理などについて、生年月日をみて、どのようなタイプの人か見ていくことにします。

1. 旺命の人

経営の神様と呼ばれた、「松下電器産業（現・パナソニック）」の創立者である松下幸之助氏は、㊀がありますが、我の生日は癸水で、月が冬で我癸水が強くなりますから、「旺命」の命式になります。

松下幸之助の命式

一八九四年生まれ	甲木㊀	午丁火㊀	
十一月生まれ	乙木㊀	亥癸水㊉	（水が強くなる月令）
二七日生まれ	**我癸水**	酉辛金㊉	
ＡＭ一時生まれ	癸水	丑辛金㊉	想定

運命式を見ますと、癸水が十一月の冬月に生まれて水性が強く、酉金が我癸水を扶助して「旺命」になります。そして寒冷の季節ですから、必要とする火の温暖が午亥にあります（我癸水から制圧（相剋）する火を専門用語では「財」といいます）。さらに、我が水は木を生み、

我から生む木の星は創意工夫の星といい、創意工夫の木は、火の燃料となり、財の火を生じます。したがって、松下氏は創意工夫によって財を成したのです。

安倍総理やトランプ米大統領、そして中国の習近平国家主席も共に強い「旺命」です。

安倍総理の命式

生年　一九五四年　甲木㊀　午丁火㊀
生月　　　九月　　癸水㊀　酉辛金㊉　（月令が強い）
生日　　二一日　　**我庚金**　辰戊土㊉

庚金の我日主は、九月の秋月に生まれて強くなり、日支の辰土は金を助け、完全な「旺命」になります。そして月の天干にある癸水の智慧（水は知恵を司《つかさど》ります）は、年干の甲木を育成し、木は燃料となって年地支の火を生じさせます。「旺命」でしかも金↓水↓木↓火↓土と五行が周流して、とても優秀で、希少な運命式です（用語では、我の庚金から癸水に金生水と生じ洩《も》らすのを感性の星といい、さらに癸水の感性から水生木と、木に洩らすのを「財星」といいます。さらに、その甲木財は丁火の「正官星（地位・信用）」を扶助し流通させています。

正官星は文字どおり地位の星です）。

トランプ米大統領の命式

生年　一九四六年　丙火⊕　戌土⊕
生月　　　六月　　甲木㊀　午火⊕
生日　　一四日　　**我己土**　未土⊕
生時　　一五時　　壬水㊀　申水金㊀　推察

　トランプ氏は、土の日（我）に生まれて、六月夏月は我が己土が強くなる季節です。さらに火の扶助が多く我が身が強すぎるので、性格が極度に強情です。また、火が多いがために、水が用神（守護神）となり、水は欠かせません。しかし、三柱では水が見当たらず、おそらく時間に水があるのではと推察できます。大運は水の運を巡り、水は木の正官星（高位）を生みます。

　己土から水を見ることを「財星」といいます。つまり、トランプ氏の用神（守護神）は財星となりますから、何事も損益に結びつけて、取引に執着する人であるといえます。

習近平中国国家主席の命式

生年	一九五三年	癸水㊀	巳丙火㊉
生月	六月	戊土㊀	午丁火㊉
生日	一五日	**我丁火**	酉辛金㊀

　習金平氏は、丁火日元（自我）で、夏火の強い月に生まれ、さらに年支に丙火があって「旺命」となります。火気が強くなる夏月が望むのは金と水です。現在の大運は辛亥で、水運であり好調です。また、生月天干の戊土から土生金と、生日地支の酉金へと流れ、結果的には、火↓土↓金↓水と周流しています。

　つまり、酉金から用神（守護神）の生年癸水を金生水と助けます。我丁火から戊土に洩《も》らすのは感覚の星であり、戊土より酉中にある辛金を生じるのは財の星です。辛金の財星は、さらに生年の天干・癸水（官星）を助け、癸水は我丁火から見れば、我丁火の強すぎるのをバランスよく少し抑制してくれる用神（守護神）であり、命理学では権威の星になります。

　その癸水の官星は少し弱いが、大運は水のグループに巡っているので好調です。よって、習近平氏は、国家主席としての権威をさらに誇示するでしょう。

この三人の命式でわかるように、「旺命」の性情として、頑固一徹で誰にも譲らない、負けない強い精神力を持ち、強力なリーダーとして相応《ふさわ》しい「天命」といえるタイプです。特に安倍総理は卓越したリーダーですが、この首脳三人の力量を見れば、よい勝負になります。

2. 柔命の人

次に「柔命」の人はどうでしょうか？

すでに第三章で詳しく述べましたが、独立自営タイプではありません。ただし、運と才覚があれば、その組織の中でトップの地位につけるタイプではあります。大会社の社長のほとんどが、サラリーマンから出世した「柔命」で強運の人たちが何よりの証拠です。

では、「柔命」で「好運」の人は、会社員として将来性が見込まれますが、「衰運」の間はどうすればよいのでしょうか？

運命は命《いのち》を運ぶと書きますが、スピードのないヨットが、急に方向転換しようとしたときに大波が来たら、ヨットは直ちに転覆してしまいます。同じように、その天命を知って焦らず、受容し、チャンスの到来を待つべきです。ちょうど猛虎が獲物を待っているように構え待つのです。ただし、「柔命」の人は、集団は好ましいが、自営業はだめです。

「寄らば大樹の陰」という諺があります。「柔命」の人は、上にしっかりとした「バックボーン」があったほうが力強いのです。そして組織の中で、我が持つ能力を最大に活用することが、運気好転となります。

人ではなく国家の話になりますが、「柔命」国家としか見られない北朝鮮は、「中国の保護国である」と、東京国際大学の村井友秀教授は指摘しています。

前韓国大統領、朴槿恵《ぱくくね》の命式

					大運		
生年	一九五二年	辛金㊀	卯乙木㊀		丁未	五二～六一歳	好調運
生月	二月	辛金㊀	丑辛金㊀	沖	戊申	六二～七一歳	低調運
生日	二日	**我戊土**	寅甲木㊀丙火㊉	七	己酉	七二～八一歳	
			守護神		庚戌	八二～九一歳	

朴槿恵氏の命式を見ますと、地位を間違い、天命に逆らった、きわめて気の毒な人です。氏の命式は、「柔命」甚だしく、大統領の激務に耐えることは到底できないのです。

なぜなら、土の我が日に生まれ、我土から力を漏らしてしまう㊀の辛金が多すぎるからです。

また、年支の木は冷寒の月に生まれて、枯死しています。幸い、日支の寅中に、本命の守護神・丙火（太陽の火）がありますが、六二歳からの申の大運で、寅申七冲（日支の寅から申運は七つめで、申の中の水が寅中の火を破壊）して、せっかくの守護神を破滅する大運を巡り、大切な太陽の温暖が消滅することになってしまいました。

「柔命」で、感性の強い女性は、未婚、離婚者が多いようです。そして内面の性格は甚だ弱く、顕示欲のみが強いがために、それが禍となり、朴氏のような事態を招くことになる、と断言できます。また、頼りたくなる友人（同じ十干）は、土生金と我が星から洩らす傷官星を生じ増幅させるため、親友が害毒に変化したのです。

それでは朴氏は、どうすればよかったのでしょうか。

まず、大統領という大きな地位は、天命に反するものです。吉にするには、我を生み育てる後ろ盾が不可欠です。具体的にいえば、実質的に上司となる人ですが、大統領になって、最高の地位に就任してしまっては、国内では助けてくれる上司が存在するはずもありません。国外の最高権力者（米国または中国のどちらか）をハッキリと選択して、手を組む以外になかったでしょう。しかし、それも中途半端に終わってしまいました。

よく、「なぜこんなに弱い柔命の人が、大統領になることができたのでしょうか」と質問されますが、氏の運命式を見ると、我戊土の生まれで、土↓金と我から洩《も》らす辛金が三つもあり、その上に寒冷の季節に生まれています。ですから、急遽丙火の太陽の星を必要とし、丙火が用神（守護神）となるのです。

幸い、前述したように、生まれ日の地支に、寅中に含まれている丙火があります。その丙火は、大運は六一歳までは巳午未の火のグループ運で最高潮でした。「柔命」の人は、大運に好調運が来れば、今存在するその環境に従って、とても大きな栄光を得ることができるのです。

しかし、六二歳からの大運は申運で、一番大切な生日の地支にある寅を、申→寅と七冲し、寅中にある守護神の丙火太陽を破壊してしまっただけでなく、その後の大運も、申酉戌の金性秋冷のグループ運が続き、復活することは不可能です。

七冲は、その十二支から七つめにあたる十二支を互いに破壊します。特に、大切な用神（守護神）の七冲は、いずれも命に関わる大凶運となります。後述する美空ひばりさんも、その影響がありました。

十年ほど前の話になりますが、生命保険会社の営業職の方が連れてきたお客様が、「宝くじで一億円が当たったので、それを資金に居酒屋を独立開業したい」という相談に来ました。一億円当選には驚きましたが、その人を鑑定したところ、極端な「柔命」で、開業の力量は乏しく、その上、これからの運勢も芳《かんば》しくなく将来性はありませんでした。

ですから私は、「その大金はないものとして、銀行や生保などの金融会社に預金しておきなさい」と勧めました。これは、なにも紹介者である生保社員の顔を立てるために言ったのではありませんが、聞き入れられることなく、開業に踏み切ったそうです。もちろん、その後どうなったかは、聞き及びません。

ただいえることは、一億円は本人にとって大きな荷物になって覆《おお》い被《かぶ》さってくるでしょう。これは、悲劇の前韓国大統領・朴槿恵《ばくくね》氏も同じです。

3．創意工夫は財を生む

いつものことながら、驚くほど新しい商品を世に送り出す企業は少なくありません。同類の商品が溢れかえる現代では、創意工夫により他商品と差別化し、独自の優位性を持つことで競争激化に勝ち抜き、いかにしてマーケットでオンリーワンとなるかが問われています。個人でも、創意工夫が毎日の生活やビジネスには欠かせないものになっています。

指示されたことしかできないマニュアル型社員ばかりの会社は、数年後にはどのようになっているか想像がつくでしょう。今や性能を高めるために試行錯誤する人が多い会社しか生き残れない時代です。

「命理学四柱推命」では、何千年の昔から、**創意工夫は財を生む法則**と、論じていました。この「創意工夫」をもう一度、相生・相剋の法則から考えてみます。

我（自己）を「木星」とします。木は摩擦などによって発火します（森林火災など）。これを「洩気《ろうき》」と称しています。また、自分の秀でた気を発することから「秀気《しゅうき》」とも呼称し、秀気を吐く意味で「吐秀《としゅう》」ともいいます。

「命理学四柱推命」では、度々活用している作用で、かなり重要な鑑定法です。

そして、木から発した火は灰となり、灰は固まって土と化し、その土は樹木にとっては欠かせない養分のある土となります。これが「財星」になります。我甲木とすれば、甲木から土を抑制（剋）する戊土・己土（木→剋→土）が「財星」です。我から相手を抑えるのですから、働いて自己の力を分力し、我が力を消耗させて利益を得るので「財星」と呼んでいます。つまり、お金儲けは努力が必要なわけです。

また、「吐秀」は、我甲木から生じ洩らす五行の火ですから、木生火と秀気を吐きます。これが、いわば「創意工夫」の働きとなっているのです。

次に、火が灰となって固まり、土の「財星」を生みます。つまり、創意工夫が財星を生じたことになるのです。これを「命理学四柱推命」では、創意工夫が財を生むといって、**最も富貴**

な運命式と称しています。他の五行も同様です。

㊙我→生→**工夫**→生→**財**　例（**甲木**→生→**燃える火灰**→生→**土**）

このように、財を得るためには、創意工夫を欠かすことができない証明になっています。そして、現在「人工知能（ＡＩ技術）」なども注目されていますが、これも技術ですから、創意工夫の範疇に入ってくるのではと考えています。

経営の神様といわれた松下幸之助氏は、「とにかく考えてみることである。工夫してみることである。そしてやってみることである」と語っています。

エイベックス・グループ・ホールディングス社長　松浦勝人の命式

生年一九四四年　甲木工夫㊀　辰戊土→合して金となる㊉
生月　一〇月　癸水比肩㊉　酉辛金㊉　金になり㊉
生日　一日　**我癸水**　未丁火財星㊀

（合については、第八章で詳しく説明します）

我癸水に生まれて、月干に癸水比肩（同じ友人の五行を通変星では比肩という）があり、さらに年支・月支が合して金生水と、金の扶助する印星があって、「旺命」となります。そして、我癸水は年天干の甲木に、水生木と生じ、甲木は、木生火と日支の未中にある丁火の財を生じさせています。これも創意工夫は財を生む命となり富裕の人となります。

（我癸水→甲木→丁火）＝（我→工夫→財）

ワタミの創業者　渡辺美樹の命式

一九五九年	己土印星㊉	亥甲木**財星**㊀
一〇月	癸水工夫㊀	酉辛金㊉　（我が強くなる月令）
五日	**我庚金**	申庚金㊉

我庚金に生まれ、月支に弟星の辛金、年支に友人星（用語では比肩星）の申中の庚金、さらに年干の己土は我を扶助して、素敵な「旺命」です。

そして、我庚金は、金生水と月干の癸水に洩《も》らし、創意工夫の星を作ります。また癸水は、年地支亥中にある甲木の財星を生じ、財豊かこの上なしの命です。

我庚金 ↓生 癸水 ↓生 甲木財

（註：十二支の中に含まれている十干については、第八章で詳しく説明します）

このように、創業者のほとんどは「旺命」で、しかも創意工夫で財を作り出す秀でたクリエイティブな経営者ばかりです。

昨今、企業の発展には、ベンチャーが取り沙汰されていますが、何も企業だけではありません。個人でもこの運命の法則、「命理学四柱推命」を知って活用すれば、最も豊かなライフスタイルを得ることができるのです。

私の知人で、外食産業の調理場に働いている田中さん（仮名）という婦人がいました。十数人の女性パートの方が、同じ場所で大量の皿洗いや片付けなどの雑用をしていましたが、田中さんは、仕事ぶりが極《きわ》めて早く、しかも誰よりも丁寧でした。これが、上司の目にとまり、リーダーとして正社員に登用されたのです。

聞くところによると、彼女は特に計画性と創意工夫に優れ、「どうすれば最も効率よく仕事ができるのか」をいつも考えて行動していたそうです。

「工夫するということは、心を前に出すことです。つまり、まず瞬時に疑問を持つ、次にその疑問を解決しようと脳が働く。そこで工夫が生まれるのです」

と、松下幸之助氏も教えています（松下幸之助著『私の行き方 考え方』ＰＨＰ研究所）。

毎日することが、マンネリ化されて無関心であれば、脳は停滞するばかりか、次に生むべき道程がありません。

筆者が若輩のときの話です。

ある起業家の言葉に感銘を受けたことがあります。

「工夫することは、そんなにたいそうなことではありません。一日一回、身のまわりを片付けてみましょう。机のまわりとかキッチンだけと決めて作業をする。その時、どのようにすれば効率よく整理整頓ができるか工夫すると、これが習慣となり、自然に工夫のトレーニングになっていきます。特に工夫は、思いがけないアイデアにも繋《つな》がって、直感力が養われるのです」

と教えられました。

ある決断をする際、考えが混乱してどうすれば良いかわからないことがあるでしょう。そんなとき、あなたの優れた直感力が働き、正しい方向に進むことができるはずです。

大企業にまで育て上げた創業者は、「直感により素晴らしい天からの閃《ひらめ》きを戴いた」と異口同音にいっています。

これこそ、創意工夫は財を生む天命の法則です。これらは五行の「相生」「相剋」により、我より工夫の星から財を生み出す行程を示したものです。

次に、「感性の強い作用」は良いことばかりではありません。マイナス作用もあること、つまり「感性の過剰がもたらす」悪い面も述べていきます。

4. 感性の過剰は、女は夫を傷め、男は地位を傷め、子供を傷つける――

前項の感性は工夫を生み、実に良好なビジョンを述べましたが、その性情も過剰になると激しやすいものになります。

「命理学四柱推命」の我の星から洩らす星を、「傷官星《しょうかんせい》」と呼称します。字句どおり「官《かん》星《せい》」を傷つける意味があるため、「傷官星」と名づけられています。

また、「官星」には、「正官《せいかん》星」と「偏官《へんかん》星」の二種類ありますが、「命理学四柱推命」では、ほとんど同様に見て、地位・信用・名誉・仕事、女性からみれば「夫」、男性からみれば「長男」

の星として見ます。

「官星」は、下の図のように我を抑制し、我の剋《こく》となる五行です。例えば、我が甲木であれば、庚辛金になり「金剋木」となります。これは、金が我が木にとっては裁断される「剋」になりますが、剪定などによって樹木が強ければ、かえって繁茂させられるのが「官星」剋の働きです。つまり、「官星」がバランス良く働けば、前記の地位・信用・名誉・仕事・夫・(男性から見た)子供から享受を授かるのです。

ただし、この「官星」を潰すのが、感性の星「傷官星」になります(傷官→剋→官)。

「命理学四柱推命」では、「官星」は女性から見れば「夫星」にもあたります。つまり、感情の過剰な「傷官」は、夫星を傷つけることになります。

「官星」は男女とも「仕事、地位、信用の星」

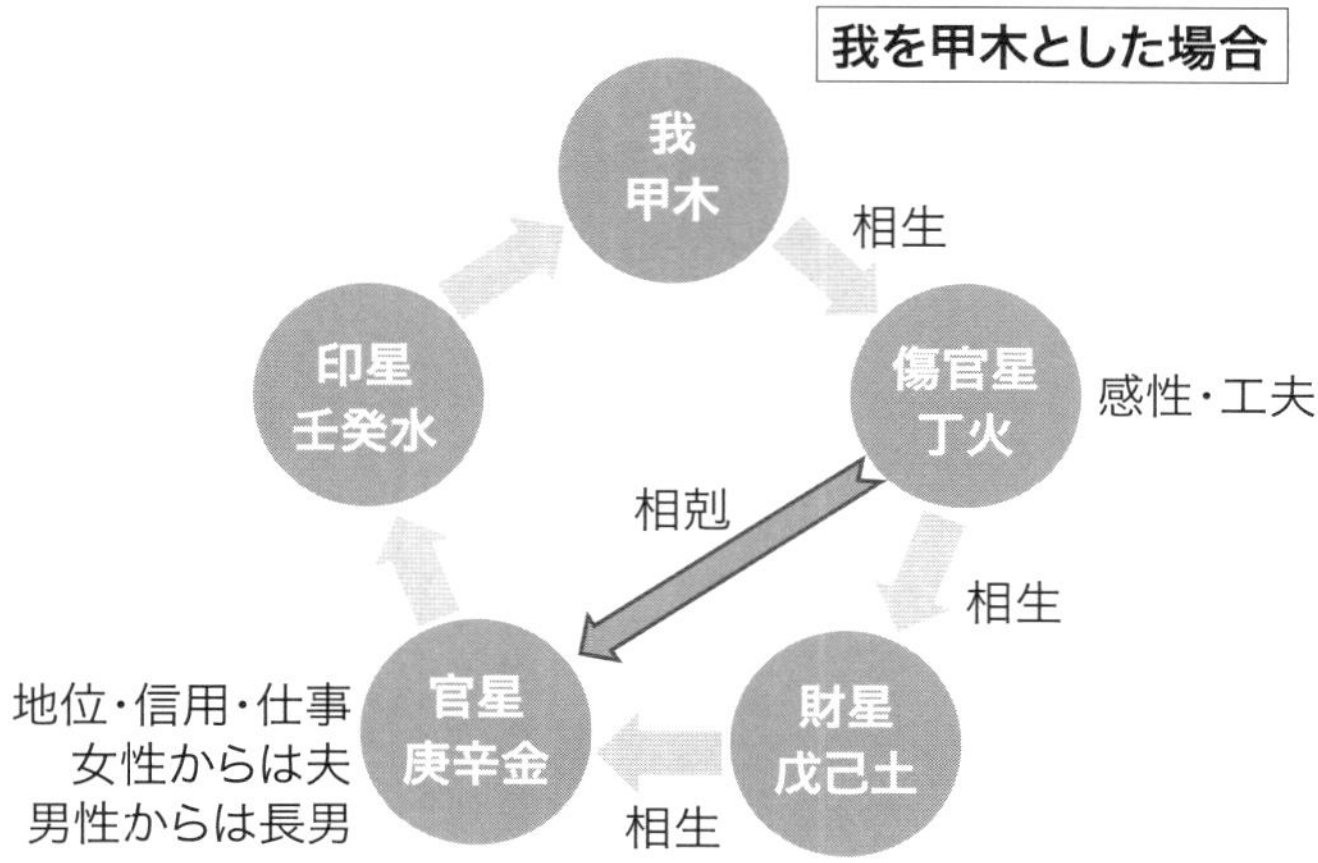

を司《つかさど》りますが、男性にとっては、「嫡子（息子）」にもあたります。つまり、前頁図のように、女性は夫を傷めて夫婦間に亀裂をもたらし、男性は地位を傷め、かつ、息子をもダメにしてしまう作用があるのです。

なぜそんなことになってしまうのでしょうか？

以下、実際の作用を、男女別に考えていきます。

A．女性の場合

テレビのドラマなどに、ヒステリックな女性が登場することがあります。そこでは、妻がいつも夫をガミガミと叱りつけています。はじめは夫も抵抗しているのですが、仕舞いには諦めたのか萎縮してしまったのかわかりませんが、ストレスが積もりに積もって病気になってしまう、といった場面が典型でしょうか。これは、「柔命」で傷官星が強い婦人に多く見られるケースです。

夫婦揃って事業相談に来られた方に、こんな人がいました。

小さな鋳物工場を営む主人は温和な人でしたが、奥さんは横にいる主人に対して「こいつが……」などと口にするような弁舌たくましく一方的な方でした。もちろん、金融機関とのやりとりや経営面で表に立って苦労しているのは彼女のようでしたが、それにしても不快な思いをしました。その後、職人タイプの主人は、がんで亡くなったそうです。

このような女性は、一見やり手で理知的な社交家のように見えますが、顕示性が目立ち、陰では嫌われ者です。そのくせ内面は弱く神経過敏な「柔命」であり、「傷官星」が強ければ暴言も平気で吐く人なのです。

ある女性国会議員が秘書やスタッフに暴言を吐き続けて表沙汰になった報道がありましたが、この女性議員も「柔命」に加えて「傷官」の強い女性であろうと推察されます。

もちろん、性根がしっかりとした「旺女」であれば、もしくは「柔命」でも運勢が良ければ、「傷官星」があっても、「傷官」が「財星」を生じ、外見は温和でクリエイティブな女性として発展する人材も少なくありません。

B．男性の場合

女性と同じく、「傷官」が強い命式は、感覚的に秀でて大変器用な人です。いわば偏屈な職人タイプであり、有能な芸術家も少なくありません。芸術家や芸能人は、傷官星（感性）が必要だからです。

創業オーナー型の人は発明心に秀でて、すぐれたビジョンを持つ実業家であり成功者です。

前章で述べた大手企業の創業者がこれにあたりますが、次のようなマイナス面もあります。
「命理学四柱推命」における通変星の法則で、「傷官星」をしっかりと持つ男性は、たとえ「旺命」でも「長男育たず」の難があります。つまり、子息がいないか、病弱か、無能かなのです。これは前図で示したように、「傷官」は息子を剋（制殺）する五行の作用があるからです。そのため、やむを得ず、「孫が継承」している有名企業も少なからずあります。

例えば、明治二六年創業の「森下仁丹」です。森下仁丹は昭和二八年、創業者の森下博氏が享年七五歳で亡くなられた後、事業の後継者がなく、「孫」の森下泰氏が二一歳で、新社長に就任しています。

創業者博氏の生年月日が不明ですが、おそらく創業者らしく、「旺命」でクリエイティブな「傷官星」の強い運命式であったと推測できます。

また、孫であった、**新社長・森下泰氏の運命式**は、

生年	一九二一年（大正一〇年）	辛金傷官	酉辛金傷官
生月	十二月	庚金傷官	子癸水財星 ◀── 家の位
			七沖
生日	二一日	我 **戊土**	午丁火印星 十

泰氏も、戊土の生まれで、金の「傷官星」（土生金の洩らす気）が三位もあり、「傷官星」の強い人です。さらに月と日の柱を七沖しています。「命理学四柱推命」では、月柱は家の位にあたり、日支は、配偶者の位になっています。

月と日の七冲作用は、配偶者とうまくいかなかったり、離別したり、家庭にいなかったりすることが多いのです（七冲については第七章で詳しく述べます）。

こうした影響もあってか、戦争が一段と激しくなり、社長就任後直ちに海軍主計見習尉官として出征することになりました。このために、社業を長女の森下次子さんが幹部社員と共に運営されていたそうです。私見を述べれば、このようにして森下泰氏の場合、若くして家を出たことがかえって会社としては、宿命の転換になったのではないかと思われます。

泰氏は、戦後、多くのアイデア商品（体温計・歯磨き・その他美容・健康・サプリメントな

どのヘルスケア商品）の開発で活躍されていましたが、一九八七年（昭和六二年）六五歳で死去した後、妻の森下美恵子氏が社長に就任しています。現在では、森下美恵子氏が取締役名誉会長となり、他社（三菱商事）より執行役員として入社した駒村純一氏が社長として活躍されています。森下泰社長も「傷官星」が強かったためか、社長は創業者一族ではなくなりました。

次の例は、江崎グリコです。現在のグリコの社長も創業者の孫です。

一九一九（大正八）年、創業者である江崎利一氏が牡蠣《かき》の煮汁から「グリコーゲン」を採取し、それをキャラメルの中に入れた栄養菓子「グリコ」を製造。一九二二（大正一一）年二月一一日に大阪の三越百貨店で「グリコ」の発売したのが始まりである、とされています。

グリコを発明した利一氏も、生年月日は不明ですが、優れたクリエイティブな「傷官星」の強い命式であったと推測されます。利一氏の長男は、過剰なボンボンタイプで、猟犬を連れてハンティングしたり、高級車・オートバイを乗り回したりして、仕事に身が入らず、父とは反目していたようです。そして、二代目社長としての資格もないまま、三九歳で急死しています。その結果、「創業者の孫」になる江崎勝久氏が社長になりました。

すでに這命式を見た松下電器産業（現パナソニック）創業者である松下幸之助氏も「傷官星」がしっかりしているためか、子息には恵まれませんでした。

古来、一代で成功した大商家の旦那の跡取りは、養子が多いことが知られていますが、優秀な創業者イコール子供（官星）を抑える傷官的要素が強い作用の影響があるため、何よりも有効な対策だったのでしょう。ただし、女子であれば影響はないようです。

5. 高い地位は、我を責め、財が必要

地位の向上は誰しも望むところですが、そこには大きな落とし穴があります。例えば、国会議員・地方議員になれば、ハイレベルで裕福な生活が送れると思う人は、少なからずいるでしょう。このような考えの人は、甚だしく愚か者といわざるを得ません。

以前なら、お金持ちや志高く清貧に甘んじる志士の人が議員になったという史実がありましたが、公募の今では、タレントや知名な父祖の恩恵によって、たとえ能力がなくても人気や知名度さえあれば、誰でもなれる時代になっています。

しかし、たとえ選挙に当選して議員になっても、それなりの資金が必要です。１６６頁に図示しているように、通変星の「官星」、つまり地位・信用は、財の根っこを必要としています。

「財星」の支えがなければ「官星」は成り立たないのです。

財 —生→ 官

公的な政治資金を得られても、多くの経費や雑費で予算不足が生じ、その分をいずれかで取得しなければなりません。それが政治資金収支報告書への記載不備など、「カネ」の使途不明疑惑が後を絶たない不祥事の原因となっているのです。

では、民間サラリーマンの管理職はどうでしょうか。

最近「管理職になりたくない」という人が増えているようですが、以前のサラリーマンであれば、みんなが競争して出世を目指すのが普通でした。ところが、今の若い世代は必ずしもそれを望んでいないのです。給料が右肩上がりだった時代とは違い、今の若者は、管理職にプラスのイメージを持てないからです。

見かけの給料は少し上るが、残業代はなくなり、しかも残業と休日出勤は当たり前。さらに責任だけは大きくなり、部下と上司の間に挟まって苦労ばかりでストレスが溜まり、その上に部下を動かすのに私費も必要となります。

おまけに、会社の都合で退職（リストラ）の勧告があるかもしれません。これでは愛社精神や忠誠心を持てるはずがありません。

このように、高いポジションを与えられても、それを保全するための苦労とオカネの消費は馬鹿にならないのです。


これまでは、「財」の助けによって「官星」、つまり地位・信用・仕事を高め、守ることを述べましたが、その**「官星」があまり強くなると、強い「官星」は「制圧する作用（剋神）」となって我が身を一層攻めてくる**ことになります。下の図をご覧ください。官の剋神は、我を制圧しますので、それに耐える強い精神力が必要になってきます。

筆者は、内閣改造や組閣の発表があるたびに、各大臣の生年月日から運命式を出しています。それを見ると、秀才で素直であっても、あまりにも「柔命」で弱い方がけっこういて、がっかりとし

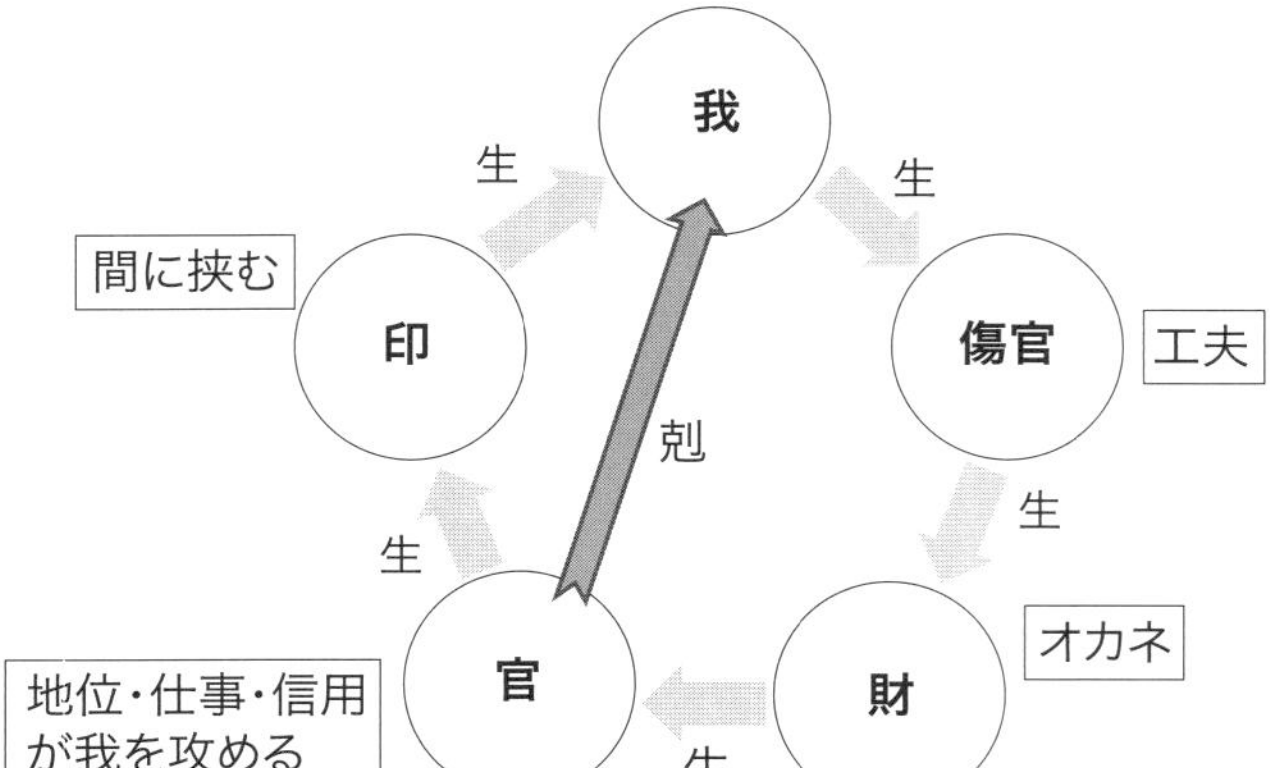

たことが過去に何度もありました。

例えば、大臣の失言がよくありますが、これは自己が弱いがために、オロオロして軽はずみな言動となってしまうのです。


以上のように、過重な仕事や役職、責任などから、財が必要となり、財はまた官星を助長します。そして強くなった官星は我が身を攻め制圧するので、この重圧を避ける方法を、一般の我々も考えねばなりません。

まずは、先ほど挙げた図をご覧ください。

「官星」は我を攻め剋していますが、「官星」と「我」との間に「印星」があります。この「印星」が緩衝の役目をし、通関の神としての作用になります。

つまり、（官）→生→（印）→生→（我）と、ちょうど玉突きのようになっているのです。

この**「印星」を活用するのが重圧を避ける方法**になります。

「命理学四柱推命」では、「印星」は我を生む「母星」であり、「文化」の星にあたります。

ですから、重圧を防ぐためには、我を生み、我を扶助する気を、自分の生命に吸収することが現実に沿った方法です。

まずは読書です。肩のこらない小説などが最も良いでしょう。ただし、ストーリーはハッピーエンドでなくてはいけません。バッドエンドでは、読者自身が主人公と同じように苦しむからです。

人の一生は、現実では一回きりです。それに対して、小説は架空とはいえ、何度も人生を味わうことができます。そして、物語の素晴らしい主人公と自分が重なり、自分はまるでその主人公になったような気分に浸りながら、素敵な人生を進めていくことができます。

文字は、我が精神を養う作用があるといわれています。「命理学四柱推命」では、これを攻める星「殺星」から生かし養う「印星」に化《ば》かすという意味で、「殺印《さついん》化格《かかく》」と呼称しています。

つまり、**「柔命」に必要な守護神として読書を「印星」として活用する**のです。

ただし、注意をしなければならないことがあります。それは、「インターネットのオンラインゲーム」です。最近の若者の中には、それに没頭している姿をよく見かけます。特に、現状に不満や悩みがあると、このオンラインゲームに逃げ込んで抜き差しならぬ蟻地獄にはまりこんでしまい、「ネトゲ廃人」と呼ばれるほどの社会問題にもなっています。

小説は、架空のストーリーであっても、読者には想像力が生まれます。活字離れの現代ですが、このような意味からも読書の効用を見直す必要があるのではないかと思っています。

また、「官星」は、仕事・地位・信用で、我を攻める殺星です。それに引き換え「印星」は、暖かく恩恵ある「母の星」です。日頃の苦労や仕事上の問題は、信頼できる「先輩」や「上司」

に相談し、アドバイスを受けることです。あるいは、人生の向上につながる良書があれば読んで、自らの天命を志すのです。

そして、朝起きれば、天空より大自然のエネルギーを身体全体に吸い込み、夜になれば、月を眺めて明日を祈るのです。そうすることによって、「嫌だ　いやだ」と思っていた仕事から、天命が見えてくるはずです。

自分の天命を自覚し、天空のパワーをいただきながら、それを全力でやることで、どんなに厳しい場面になっても、悠々とした人生の波乗りができるでしょう。

これも、「命理四柱推命学」における「殺印化格」（官→印→我）の原理の応用です。

第六章　天命のプロセス

メッセージ

命理学四柱推命は
あなたの水先案内です
財は天下のまわりもの
でも運も天下のまわりもの
あなたの個性も天命と知る

1. チャンスを掴もう

「命理学四柱推命」は、この世に生まれて、その人の運命はすでに決定づけられているような誤解も多いと思います。そして恐れている人もいるでしょう。

すべての人は、生まれた瞬間に生年月日が紛れもなく決まってしまいます。もちろん、「生年月日時で人生が決まってしまうなんて……」と思われる人もいるかもしれません。

しかし、人間として生まれたのも、その家庭や環境で誕生したのも、これからの人生の苦楽も他人とは違うのです。生まれた瞬間が人生のスタートで、号砲が鳴り渡ります。——そこにその人の大方の宿命があり、天命が含まれているのです。

ある人は企業家や政治家として、またある人は芸能人として、いろいろなコースが自然に決められていきます。その水先案内が「命理学四柱推命」です。

ですから、もし生年月日が間違っていれば、水先案内も間違ったことになってしまいます。今の若い人にはありませんが、高齢者の方の中には、「めでたい」ということで誕生日を一月一日にしたり、役所に届けを出した日を誕生日にしたりした人もいたようです。中には、「実は本当に生まれた日はこの日だったと、母親から後で聞きました」などという救いもあります。

「私はずっと苦労続きです。一体どうすればよいのでしょうか」との問い合わせもあります。それは、その人の仕事などの環境、夫婦問題、子供のこと、経済苦など、抱えている悩みによって具体的な解決方法は異なりますが、第一には、その人のライフサイクルの状態で違ってきます。仕事であれば過重か不適職か、その他は現状を診断します。第二は、大運を見ます。大運が悪ければ運に逆らわずにそれに従う、という考え方もあります。

ただし、前にも述べたように、概して運には変化が生じます。「カネは天下のまわりもの」といいますが、**「運も天下のまわりもの」**です。

では、**いつになれば好転するのか？**

結果的にいえば、良好な運気が来るのを待つことです。良好な大運が目の前に来るのであれば少し待てばよいのですが、そうでなければ、流年があります。

四柱推命に馴染みのない方は、「流年って何なの？」と質問されるかもしれませんが、流年とは流れてくる年、つまり毎年回ってくる年回りのことです。

幸運の波は誰でも遅かれ早かれ、自然現象として必ずやって来るものですが、ただ待っているだけではチャンスは来ません。

「幸せは寝て待て」ということわざがありますが、これではいけません。「幸せは練《ね》って待つ」のです。幸運になるためには、まず計画をジックリと練るのです。そして練りながらも、好機を待ち構えるのが大切です。

運気には、「ツキがある」「ツキがない」とか「少しツイて来たか」というように、生涯を通じて大小の波があります。

「不調」と感じたときは、焦らすバタつかず、まず「嘆きの状態」を受け入れて、原因を究明しつつ、目標と計画を立てることが大切です。そして猛獣が餌食をうかがうように、じっと耐え忍ぶことです。

そして、いったん「ツキが回ってきたな」と感じたら、すかさず計画してきたことの実行に猛然と挑むのです。その僅《わず》かなチャンスをつかむのが大きなポイントとなって、それから後の運力は、好調な波に乗っていくことができるでしょう。

ただし、「自分は幸せにはなれない」とか「才能がない」などのネガティブな口癖《くちぐせ》があれば、好調な流れに「止まれ」の赤信号を出すようなものになります。いかに小さな「目標」でも失うことのないようにするのが最も大切です。それがあなたの「天命」です。

2. 愚痴は目標で消去しよう

よく聞く愚痴の一つに、「時間がない、もっと時間があれば」と言う人がいます。一日二十四時間は変わりませんので、誰しもそれほど時間を与えられているわけではありません。

故事のことわざに、「時は金なり」「光陰矢のごとし」「歳月人を待たず」などとあるように、時は人の都合などにはお構いなく過ぎていき、止まることはないと注意しています。

人生は特急列車に乗っているように、外の景色はどんどんと過ぎ去っていきます。特に筆者のように後期高齢者になると、一週間前が昨日のように錯覚して、恐ろしく早く一日が通り過ぎていきます。

少し前までは、「十年一昔《ひとむかし》」といっていましたが、今や「一年一昔」です。さらにこの時代は「想定外」がよく起こる時世です。東日本大地震での原発災害で、東電担当者が発した「想定外」という言葉がクローズアップされましたが、その想定外を逆手にとって考えれば、あなたには信じられない創造によるチャンスを、わしづかみにすることができる時代に入っているとも言えるのです。

つまり、何か新しいことを誰もが探索している時代ですから、人が考えられない奇抜なアイデアを生み出す能力を発揮さえすれば、あなたの創造が世間に受け入れられる時世なのです。

これから述べることは筆者の誠に恥ずかしい愚痴ですが、若いときには（六十年前にもなりますが）、とにかく発明することが大好きで、今でいうノンアルコールビール、通信販売、歌のない歌謡曲（カラオケ）等を考え研究はしたのですが、当時電話を引くには多額な権利を買わなければならないし、電話局に申し込んでもあてにできない順番待ちのため電話一本も引けませんでした。それに加えて、資金ゼロ、起業する才覚さえも持っていなかったので挫折するだけでした。そしていつの間にか目標を失ってしまいました。しかし、そんな愚痴はいつの時代でも通用しません。結局は筆者の力不足です。振り返れば「柔命」でした。

現在では、良いアイデアさえあればビジネスとして応援してくれる企業もありますから、チャンスはどこにでも転がっています。筆者のように誤った経験を反面教師にして、若い人には目標を見失わないでいてほしいと思っています。


某大手生命保険会社の幹部社員（営業部長）のA氏とB氏の双方から嘆きの相談を受けたときの話です。

A氏は、「この会社のシステムはなっていない。業績ばかり固執して過剰な労働を押しつける。どの上司も我が身の安全ばかり考えている。もっと改革を進めるべきだ」などと憤懣《ふんまん》やるせなく不満の理由を長々と口にしました。

このような愚痴はよくあるもので、すべて会社の上層部や人のせいで、自分には何の落ち度もないつもりでいるのです。

「会社のシステムを改革したいのであれば、あなた自身がすることを考えなさい。でも現在の地位ではとうてい不可能でしょう。だから第一に、将来は経営陣に参加できる地位に昇格することを目標としなさい。その目標は、どんなことがあろうとも捨てずに、段階的に発言権のある地位になることを目標にし、いかにすれば登用されるか綿密な計画を練って実行しなさい。もちろん同僚などがどう思っていようと、なんと言われようと、気にすることはやめなさい。そして懸命に努力する覚悟があるのみです」

と、筆者はA氏を厳しく諭《さと》しました。

A氏は「柔命」ですが、五十歳くらいから好調運となっていましたから、私の話を信じて実行すれば、定年前までには昇進していると思います。

次に、B氏の場合も同じような内容の相談でした。ところがA氏同様のアドバイスをしたところ、B氏の反応は違っていました。

「よくわかりました。私は必ず役員になるつもりです」と断言したのです。

筆者は彼の優れた心意気の強さに感心しました。もちろん運命式も良く、バランスもとれて、運勢も優れております。その後、勤務先で常務取締役に登用されたとの知らせが入りました。

3．個性は自分の天命

ある夫婦が「居酒屋をしたいが、うまくいくだろうか」と、筆者のところに来訪されたことがあります。

内容は、「主人は若い頃に魚屋に勤めていた経験があり、魚の目利きと料理には自信がある」ので、それを活かして居酒屋をはじめたいとのことです。

早速夫婦を鑑定してみると、主人は無口で真面目で、職人としての問題はないが、経営をしていくには、「柔命」で内面的で気性は弱く、自営独立型のタイプではありません。つまり、小店舗でも経営者としては物足りないのです。一方、奥さんは幸いにも「旺女」で精神面も強く大運もよろしく、完全なキャリアウーマン型なので、客扱いもよさそうです。

そこで、筆者は、「店の経営や営業面は、すべて奥さんが主力になって担当し、主人は裏方として材料の仕込みや調理を専門としていけば、お店は大変繁盛するでしょう」とアドバイスしました。

その後、お目にかかることはなかったのですが、噂では、おいしいお店として繁盛していると耳にしました。

これは、小規模ながら、個性を生かした適材適所の一例です。なお、小規模も大規模も一家庭も国家も、人にとっては同じ世界です。

4. 個性をよりよく生かすための考え方

前項の例を挙げるまでもなく、我々は自分の個性をよりよく生かすために、様々な学びを通して「自己を知る」努力をしなければなりません。

第一に、周囲の情報を毎日意識的にキャッチする習慣を身につけることです。

例えば、朝には新聞に目を通す。もしくはテレビでニュースを見る。「今日の太陽は輝いている。明日は雨降りだ」などと何でもないことのようですが、常に認識することに努めるのは、意識して身の回りに気を配る能力を高める訓練にもなります。また、高齢者には頭脳の衰え防止にもつながると、多くの脳神経科医師も指摘しています。

これは、環境の変化、つまり動きを意識することは、自分はどう動くかを考えることになるからです。これは大規模な世界も、自分のまわりにある小さな世界も同じだからです。そして自分の才能、弱点、長所、好き嫌い、さらに現状をよく知って行動するのです。これは、「命理学四柱推命」が教える「自己を知ること」に他ならないのです。

安岡正篤《まさひろ》氏（東洋哲学者）の人生哲学に、「運命とは動いて止《や》まない自然と人生の事であります。そこで運命を誤って他律的、予定的なものと誤解、あるいは浅く考えてしまうと、動きがつかなくなる。人間は初めから自然あるいは遺伝に従って決《き》まりきった存在で、泣いても笑っても運命はどうにもならぬというような予定的、固定的に考えるのを宿命といいます。運命ということは動いて止《や》まぬということであります。それを生まれたときから決まっていて、どうにもならぬという考え方が運命の中の宿命感であります。しかしこれでは人間としてせっかく心というものを与えられ、意識し、思考する意義はありません。

そこでさらに進んで、この動いてやまない創造、進化、これを法則に支配されて動きのとれぬという『宿命感』に陥れずに、この運命の理法を探求して原理を解明し、大自然あるいは、宇宙、神、そして人間の思考や意志に基づいて、自分の存在、自分の生活、自分の仕事というものを創造していくことを立命と申します」（『易と人生哲学』竹井出版）

これは、自分の天命を知った上で、その個性を生かし、それを進化させていく努力が肝心ということです。

第二のステップは、先ほども述べましたが、本を沢山読むことです。

本を読むことは、「命理学四柱推命」でいう「印綬」の作用があります。「印綬」とは、自分を助けてくれる五行です。例えば、我が木星なら水によって成長します、もし水がなければ枯渇します。その水を「印綬」と呼びます。

つまり、「印綬」は我を生み育成してくれる母星です。言い換えれば戴く星です。特に「柔命」の人は戴く「印綬」を守護神としますので、必要不可欠です。これは「印綬の法則」です。

成功者といわれる人は、知識欲が非常に旺盛で、多くの本を読んでいる話をよく聞きますが、「人生に幸運な天命を戴くためには、こうした本を読み、学ぶことが近道なのだ」と、成功者の誰もがいっています。

そこでまず、本を読む習慣をつけましょう。毎日三十分でもかまいません。あなたの精神を高揚させたり、知恵をつけてくれたりする本を楽しく読むのです。読書を続けることによって、あなたの人生観はずいぶん変わるでしょう。そのお宝のヒントがその本の中に埋蔵されているからです。

第三の鍵は、賢明で心身ともに裕福な人に近づくことです。

方法はいろいろとあると思いますが、うまく交流できるような工夫を自分で考える以外にありません。例えば、食事に誘うとか、何か頼みごとをしたり、頼まれたりというように。そして、雑談するにしても、できるだけ裕福な人とお付き合いするのが好ましいでしょう。

富裕層の人には、逢うだけで不思議なエネルギーを感じるものです。そして、その人の振舞いをよく観察し、話を聞き、すべてを参考にするのです。「おまけ」としてエネルギーまでも戴けることになります。とにかく、**お金持ちと付き合えば、自然と我が身も豊かになっていくのです。**

これは、「命理学四柱推命」の蔵干《ぞうかん》という法則です。十二支の中に隠されている十干（蔵干）を、命式の周囲にある十干（天干）や、大運によって誘発させる法則です（蔵干については、「第八章　十二支にも十干がある」を参照してください）。

「善人と付き合えば自分も善人になり、悪人と付き合えばこちらも悪人になってしまう」という喩えもあります。

筆者が小学生の時、教育ママだった母親から、「勉強のできる優等生とよく遊びなさい。デキン坊と遊んではだめよ」と注意されていました。劣等生と遊ぶほうが楽しかったのに、と思い出して笑いがこみ上げてきます。

第四ステップは、好奇心を持つことです。

幼児と話をしていると、よく「何でこうなるの」「これは何なの」「何で、なんで……」と執拗に何度も質問をしてきます。優しく答えても、また次の質問をして大人を困らせますが、この好奇心が子供から大人に成長するためのエネルギーとなっています。

このように、我々大人も好奇心を失ってはなりません。「好奇心がなくなったときには若くともボケが始まる」と、多くの精神学者が異口同音に言っています。

青魚のマグロやサバなどは、常に前進して泳ぎ続けなければ死んでしまうのと同じように、人間の精神は、好奇心によって、いつまでも成長し続けるものなのです。

「知能の老朽化を防ぐには、年齢とは関係なく、常に好奇心を持つことである」と、テレビの健康番組で脳科学者が話しているのを聞いたこともあります。

最近の健康ブームで誰もが健康に興味を持ち、フィットネスクラブに通ったり、ジョギングやウォーキング、そして食事のレシピ番組に好奇心を抱いたりしますが、同じくらい我が運命にも気をつかうべきではないでしょうか。

運命に、その人によって異なり、職人、技術者、実業家、サラリーマン……、その中にも職種によって分かれますが、それぞれの天命と自覚して、いかにして成長させていくかを常にチエックしていくべきです。

三十五年ほど前になりますが、隈本確《あきら》氏が『大霊界』を出版し、丹波哲郎主演で映画化されたことがありましたが、その著書の中に「意欲的に生きる人は、年齢を重ねる度《たび》に好奇心を失わず、たとえ肉体は老化して滅びようとも、精神の成長は続いている」とありました。

つまり、好奇心を持ち続けることは、精神的に永遠に老いないノウハウなのです。

最後の第五は、自分のタイプを診断することです。

職人、技術者、実業家、自由業、サラリーマン等がありますが、いずれにせよ、大きく二つのタイプに分かれます。つまり、「独立自営型」か「組織型」であるかを選ばなければなりません。

「第三章　天命のビジネス」ですでに述べましたが、もう一度重ねて、次のA、Bのどちらに適合しているかをチェックしてください。

（1）A　自分は他人と妥協し難い。

　　B　自分は他人とすぐに妥協してしまう。

（2）
A　他人に、あまり助けを求めない。
B　他人に、助けを求めてしまう。

（3）
A　一人で行うのを好む。
B　物事を集団で行いたい。

（4）
A　人のためにすることに抵抗がない。
B　まずは自分を大切にする。

（5）
A　母より父を好む。
B　父より母を好む。

（6）
A　何が起こっても率先して自分で処理する。
B　想定外が起これば上司に相談する。

（7）
A　周りの評価を気にしない。
B　名誉心が強い。また、周りの評価を気にする。

（8）
A　良いときも悪いときも、いつも平常心である。
B　うまくいったときは笑顔で、苦しい時は渋い顔をする。

（9）
A　話し上手より聞き上手。
B　人に聞いてもらいたく、話をよくする。

⑽　Ａ　まず自分でやってみてから、部下に任せる。
　　Ｂ　最初から部下に任せる。

以上のＡ、Ｂのいずれかに、○またはチェックを記してください。

その結果、Ａの方が多い人は、自営独立、起業可能な人。Ｂの方が多い人は、組織型で、会社役員、管理職を目指すのが良い人です。

第七章 運命の波動

メッセージ

運命には変化流転がある
おごる平家は久しからず
脱皮をしない蛇は死んでいく
イノベーションで
新しくひらく天命を

1. 十二支の作用

「命理学四柱推命」では、十干（甲乙丙丁戊己庚辛壬癸）の相生・相剋の働きと共に、十二支（子丑寅卯辰巳午未申酉戌亥）の働きを重視します。

第一章で述べましたが、十二支は農耕関係、特にその気候を切り離すことができない関連性があります。

また、運命式を作成したり鑑定したりする場合、その人が生まれた月、つまり、春の月（二月・三月・四月）の陽暖の季節に生まれた人、夏月（五月・六月・七月）の炎暑の候に生まれた人、秋（八月・九月・十月）の秋冷の時候に生まれた人、冬の月（十一月・十二月・一月）の寒冷に生まれた人など、各々欲するものが異なります。

例えば、夏に生まれた人は、「柔命」「旺命」を問わず、水の潤沢が欠かせませんし、冬に生まれた人は、太陽など火の温暖が必要となるのです。

この必要とする五行（木火土金水）を「命理学四柱推命」では「調候用神」と称して、気候を調節する用神としています。このように月令の影響は見逃せません。

次に、十干と十二支の関係を述べます。

十干（甲乙丙丁戊己庚辛壬癸）の五行（木火土金水）はわかりやすいのですが、十二支には、それぞれの十干が、その中に含まれています。それが蔵《くら》の中にあるから、「**蔵干**《ぞうかん》」と称しています。それぞれの十二支に含まれている蔵干は何なのかを、「第八章　運命式を見るポイント」に一覧表（２１７頁）として示していますので、ご参照ください。

例えば、**子の中に癸、丑の中には癸辛己、寅の中には戊丙甲、卯は乙、辰は乙癸戊、巳は戊辛丙、午は丙己丁、未は丁乙己、申は戊壬庚，酉は辛、戌は辛丁戊、亥は戊甲壬というように十干が含まれています、**

では、蔵の中にある十干はいつ現れるのでしょうか、それは、運命式の上にある十干（天干といいます）や、大運や流年運などの縁に触れて出て来るのです。

例えば、生まれた日の天干を甲とします、下にある十二支（地支と呼びます）に年月時のどれでも寅があれば、寅の中に甲がありますから、寅は甲の根っことなるのです。つまり、次頁の運命式のように、天干は幹であり、地支は根になるのです。

			蔵干	天干の根
生年	壬	申	戊壬庚	壬の根と癸の根
生月	丙	午	丁	丙の根
生日	癸	亥	戊甲壬	乙の根
生時	乙	卯	乙	乙の根

この運命式を見ますと、癸日（我）が夏の火が強くなる季節に生まれて、我癸水は蒸発するように弱くなります。幸い生年に壬申があり、壬は申に根があり、壬水は我が癸水を扶助します。ただ夏ですから、まだ水を欲しますが、大運に亥子丑の水のグループ運が巡りますと、さらに我が水の根がしっかりとできて、その運は大きく発展できます。つまり、大運にも根が通ずることになります。このように**根が通ずることを**、**通根するといいます**（註：こちらも「第八章　運命式の見るポイント」で詳しく説明します）。

次に、「**命理学四柱推命**」**では、特に冲、すなわち七冲の作用を最も重要視しますので、七冲の働きを重ねて解説します。**

2. 七冲殺《ななちゅうさつ》の作用

数十年前になりますが、一時「天中殺」という本がブームになりました。これは四柱推命でいう「空亡《くうぼう》」のことですが、空亡とは字の如くで、あるのか、ないのか、はっきりとしない不明さを指します。ちょうど「うなぎ屋」の店の前で、おいしい香りを嗅いでいるだけのようなものです。それを「天中殺」というショッキングな言葉で表現し、一世を風靡したのです。

その後、著者自身が自己の著書を含めて、推命学や気学等、その他の占いも、全面的に否定する本を出版して、波紋を呼んだことがありました。それと、これから説明する「七冲殺」は、まったく関係ありません。

☆七冲殺の作用とは

七冲は、十二支の、現在から数えて、それぞれ七つめにあたるものをいいます。

下記の七冲図のように、十二支を並べてみるとわかりやすいのですが、よく見ると対面する十二支が七つめになります。

つまり、亥と巳、子と午、卯と酉、丑と未、寅と申、辰と戌、は皆七冲します。

例えば、亥から数えて、㊁子丑寅卯辰㊀が七つめになり、逆に数えても七つめになります。以下の十二支も同じです。

※　この七冲作用は、前記の「十干と十二支の関係」で述べた十二支の中に含まれている、十干や五行がすべて破壊されてしまいます。

ある日、鑑定依頼に来訪された老婦人から、「七冲は『裏エト』のことですなあ」と言われて驚いたことがありました。たしかに裏側になっています。

七冲図

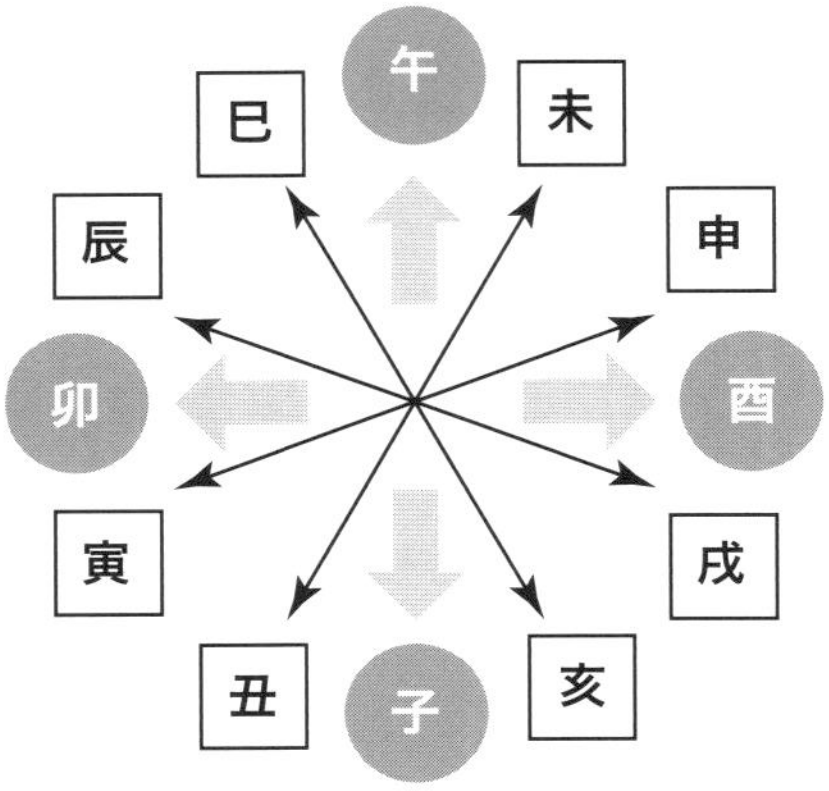

左からも右から数えても七つめになり、七冲作用がある

七冲の作用は、運命式にある場合と、大運歳運に来る場合とによって多少の違いはありますが、ほとんどの場合は一凶ありです。ただし、身の旺弱つまり「旺命」「柔命」によって多少の大・小があります。つまり、「旺命」は、冲害の働きが「柔命」に比べて弱いのです。

第一章で、すでに「命理学四柱推命」においての四柱の関係を記しましたが、その性質は、下記のようになっています。そして隣の柱と七冲した場合、どのようになるのでしょうか。その対策はどうしたらいいのでしょうか。

（註：**接触した場合の冲はありますが、年と日のように離れているような飛び冲の作用はありません**）

七冲（生まれ年―生まれ月）
七冲（生まれ月―生まれ日）
七冲（生まれ日―生まれ時間）

生まれ年――先祖、祖父母、故郷
生まれ月――家、父母、兄、姉、目上の人
生まれ日――自分（天干）、夫妻（地支）
生まれ時間――帰宿の地（ここで生まれて、ここに帰る）子供、晩年各柱の七冲の働きは次のようになります。

・生まれ年と生まれ月の七冲

生まれ故郷を離れるか、両親との別離が生じることもあります。ですから、外国へ留学するとか、一時的にも親元から離れることが、本人にとっても、また両親の幸運にもつながります。

・生まれ月と生まれ日の七冲

この七冲は、配偶者縁を悪くし、配偶者との離別、死別の目に遭います。また独身者は我が身に影響します。

七冲している方は、これを避けるために、どちらかが出張や転勤、旅行などで、時々家を離れるのが望ましいでしょう。

以下は、夫妻宮（生まれ日）が七冲している例です。

女性Aさん

生年	己土⊕	丑土⊕	
生月	丁火⊖	卯木⊖	辛卯年（平成二三年）
生日	辛金我	酉金⊕	

（卯と酉は七冲）

この女性は過去に夫を失い、一人暮らしをしていましたが、辛卯の年に再び七冲し、さらに自分の十干と同じ辛（これを比肩といいます）の年回りで七冲し、がんを患い死亡しました（註：比肩は何らかの分離作用があります）。

・生まれ日と生まれ時間の七冲

この場合、特に幼年期、晩年期において、健康などに注意を要します。

もし、出産日に七冲する出産時間帯が予想できた場合、赤ちゃんの誕生時間を早めるか、遅らせるかなどして、調節できるのであればしたほうがよいでしょう。

時間は次のように、二時間単位になります。前記の七冲図を参照しながら、次表の「**時間柱表**」をご覧の上、対策してください（ＰＣやスマートフォンで判明しますが、境目の場合は何分かを見てください）。

時間柱表

誕生時間＼生日	癸戊日	壬丁日	辛丙日	庚乙日	己甲日
AM0時〜1時	壬子	庚子	戊子	丙子	甲子
AM1時〜3時	癸丑	癸丑	辛丑	己丑	乙丑
AM3時〜5時	甲寅	壬寅	庚寅	戊寅	丙寅
AM5時〜7時	乙卯	癸卯	辛卯	己卯	丁卯
AM7時〜9時	丙辰	甲辰	壬辰	庚辰	戊辰
AM9時〜11時	丁巳	乙巳	癸巳	辛巳	己巳
AM11時〜1時	戊午	丙午	甲午	壬午	庚午
PM1時〜3時	己未	丁未	乙未	癸未	辛未
PM3時〜5時	庚申	戊申	丙申	甲申	壬申
PM5時〜7時	辛酉	己酉	丁酉	乙酉	癸酉
PM7時〜9時	壬戌	庚戌	戊戌	丙戌	甲戌
PM9時〜11時	癸亥	辛亥	己亥	丁亥	乙亥
PM11時〜0時	甲子	壬子	庚子	戊子	丙子

表の見方は、生日から誕生時間を見てください。生まれた日の十干の下欄が、生まれ時間の干支です。
註：子の刻は、PM11～翌AM1時の2時間になりますが、十干が前日は甲と翌日には壬が乗りますから、分けて記入しています。
サマータイムは、実際の時間を1時間繰り上げて実施した変則夏期時間です。
施行年代 昭和22年から昭和26年まで
施行期間 上記各年の5月4日から9月13日まで
サマータイムの期間中は、生時を1時間繰り下げて時柱干支を設定してください。

・縁談の相性は、お互いの生まれ年（日ではありません）が七冲する場合は、避けた方がよいでしょう。離婚や場合によっては、生まれた子供に影響することもあります。つまり、年が七つ違いの相性です。

・毎年回ってくる流年も、その年回りと生まれ日とが七冲した場合は、何事にも変動がありま す。病気療養中の人、過去に大病を患った方は、特に注意し、善処してください。また、勤め人は転勤することがよくあります（例：女命Aさんを参照）。

・夫婦とも、満三〇歳の出産に、なるべく避けてください。新生児に悪影響を及ぼすことが見られる場合があります。

これは、夫婦どちらかの生まれ年の十二支と、その年まわりの十二支が七冲するからです（ちなみに、十干は、生まれ年とその年は同じです。たとえば甲年に生まれた人は、その年三〇歳の天干は同じく甲になっていますが、十二支のみ七つめになっているのです。つまり、甲子年生まれの人は、甲午の年回りになり、子と午が七冲します。そして年令は丁度三〇歳になります）。

（註：夫婦の相性や、子供の問題については、「第二章　運命のいたずら」をもう一度参照してみてください）

☆六害殺《りくがいさつ》の構成

六害は、主に六親関係の不和など骨肉関係の損傷として見ていきます。例えば、肉親との分離や不和が生じ、嫉妬等の家庭不和、争いが生じやすくなるのです。その組み合わせは、

子	丑	巳	申	卯	戌
未	午	寅	亥	辰	酉

また、身体障害児の子供を持つ夫婦に、お互いの生日が冲・害する人を多く見受けます。なお、夫婦のいずれかが手術する場合も、お互いの生日が害・冲しています。この七冲や六害は

命式中にある場合と、運に回ってくる場合があります。いずれも作用は同じです。

	男命		女命
生年	丁未	六害	壬子
生月	己酉	七冲	癸卯
生日	戊寅	七冲	丙申

この夫婦は、年月日が六害と七冲して、子女がありません。

	男命		女命
生年	己巳		辛未
生月	丁丑		己亥
生日	辛酉	六害	戊戌

この夫婦は、女児三人と男児一人を産みましたが、男児が脳性小児麻痺です。

3. 十二支の盛衰、十二運星

十干と十二支との関係で、十二支の盛衰はどのように変化していくのでしょうか。

また、「新しいことを行いたいが、いつから始めれば良いのでしょうか?」といった問い合わせが少なくありません。

どのようなことを始めるにしても、スタートの時期が重要ですが、それを示す「十二運星」という、「命理学四柱推命」の素晴らしい法則があることから説明します。

「十二運星」は、仏教においては、十二輪廻《りんね》として説かれています。また、本書で述べている五行十干も同様で、仏教の教えが中心です。

十二運は、万物の発生の順序を意味し、発生・成熟・伏蔵の過程を示すものです。これを十二の段階に分けて示したのが十二運です。

人間が初めてこの世に生まれて生ずる姿から死するまで、そしてまた始まるのは、五行つまり、木↓火↓土↓金↓水、そして、水↓木へと循環する関係と同一なのです。

十二運の図

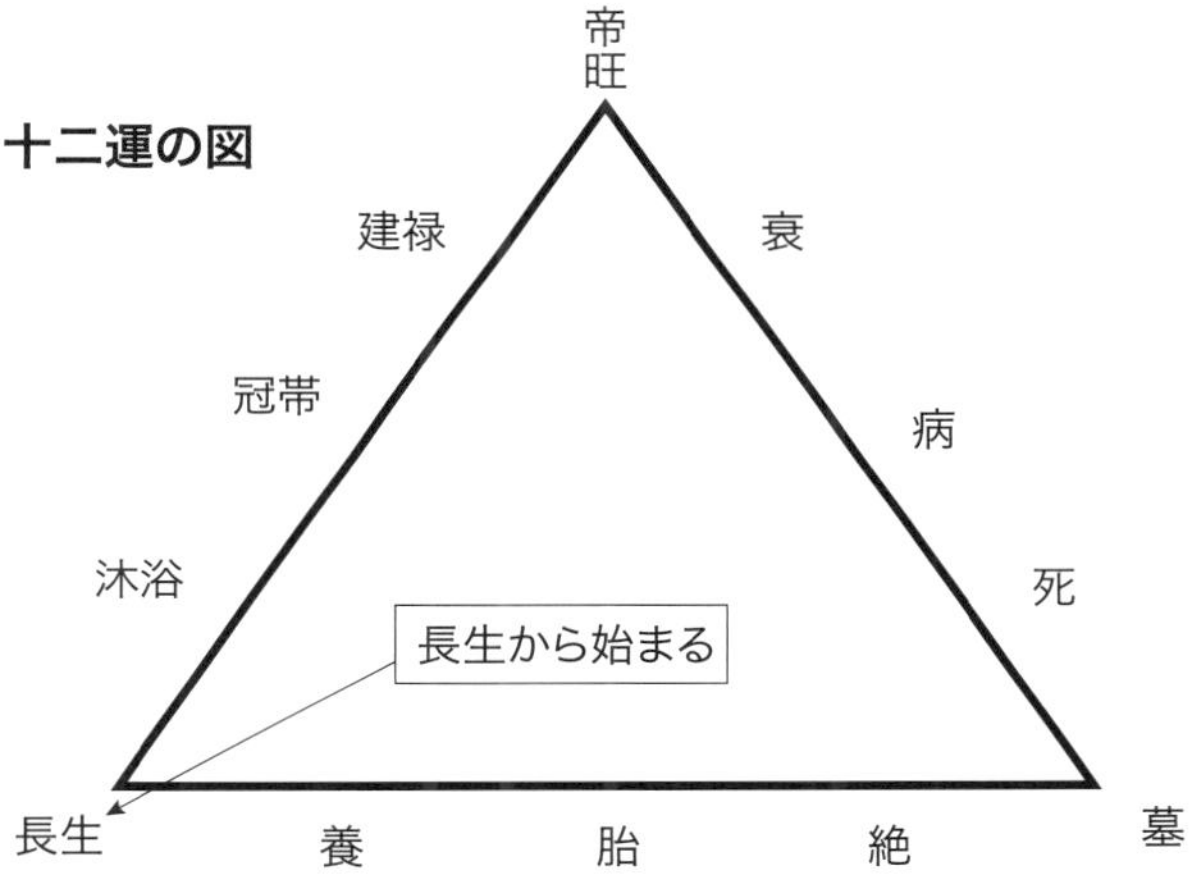

十干から見た十二運は、次ようになります。

（1）**長生**《ちょうせい》から始まり誕生する。

（2）**沐浴**《もくよく》し、不安定ながらも、新生した身体を洗い清める。

（3）**冠帯**《かんたい》で、成人式を迎える（昔は冠《かんむり》を着け、帯を結んで祝うことから）。

（4）**建禄**《けんろく》となり、地位や給与が樹立される。

（5）**帝旺**《ていおう》で、すべてが最高潮となる。

（6）**衰**《すい》は、衰え、下り坂になる。

（7）**病**《びょう》で、病気に冒される。

（8）**死**《し》は、死んでいく。

（9）**墓**《はか》は、墓に入る。

（10）**絶**《ぜつ》は、絶して死後の世界に入る。

（11）**胎**《たい》で、新しく母の胎内に入る。

（12）**養**《よう》は、母の胎内で養われ、次に長生として、誕生に向かう。

そして、再び（1）の長生と繋《つな》がり、生命体は連続していく。つまり、生命は永遠にして生き続け、「輪廻転生《りんねてんせい》」することになるのです。

この法則は重要で、人間の旺衰だけに当てはまるものではありません。起業や営業に始まり、会社、国家、果ては地球に至るまで、「すべてがこの十二運星の法則に当てはまる」のです。どのように、隆盛を極めても、また大小に関わらず、いずれは衰退していく運命になります。ですから、最近では各企業ともイノベーションが重要視されています。これは古いものから脱出して、新しく生まれ変わって再出発する自然の法則があるからです。そうすることによって企業は衰退することなく、新規に発展していけるのです。

例えば、政権や企業などは、長生《ちょうせい》から始まって、五年目からは衰退に入っていきますから、あしかけ四年もすれば、イノベーションを考えなければならない時期に入ります。

また、**病気も薬を処方されて五日目に治癒しなければ、診断が間違っている可能性がありま す**。ですから、クリニックでは薬の処方は五日ぐらいして、五日過ぎれば新たに診断して薬の処方を変えてくれます。

その他、家出人や行方不明者の安否は、初動捜索がよければ五日目に発見される可能性があります。発見されない場合は、五週間目、五十日、もしくは五か月となり、五年以上ともなれば、大変長引くことになってしまいます。

筆者は生命保険会社の女子営業職員募集のイベントで入社勧誘のお手伝いしていた折、密かに統計していたのですが、沐浴期は何事も不安定さを現出していることが判明しました。

これは私見ですが、生命保険会社に女子営業職員として新規入社した見習生が、入社して二か月目の沐浴期に退社する人が現れ、二か月経過して残った職員の内、また二年目の沐浴運で一部が退社していくのです。ところが、二年勤務した人は、五年目の帝旺期まで勤めています。そして五年以上勤続した社員は、営業リーダーとして長く働き続けているのです。

〈奢る平家も久しからず〉

ベンチャー企業として大企業に発展し、我が国の名門企業でもあったシャープも、外資系企業の傘下に入ってしまいました。これも過去から五年目毎《ごと》の革新に怠《おこた》りがあったのでは、と悔やまれます。その他、大企業をむしばむ不正体質も同様です。政権も、この点をよく認識すれば継続していくでしょう。

いかなる企業も組織も、**四年目・五年目の最盛期にリノベーションを決して怠ってはならない、という法則**です。

ここで感服するのは、伊勢神宮の式年遷宮《せんぐう》という神宮最大のお祭りです。二十年に一度、お宮を新たに建て替えて、神様にお遷《うつ》りいただく有名な行事のことです。神宮は、定期的な新たな建て替えで、古代建築様式そのまま、見るも新しき美観を残されています。

4. あなたの十二運はどこから始まり、どこで終わるのか――

では、あなた自身の行動が、どの十二支で始まり、どのように十二運の盛衰が変化していくのか、それはどういう時か、また、新しいことをするにはいつがよいのか、その内容はどのようなものかを検索してみましょう。

まず、PC、スマートフォンで、自己の生まれ日の十干を調べます。そこで調べた生まれ日の十干が「あなたの星」になります（生まれた年ではありません）。

また、陽干の人も陰干の人も同じ五行で見ていきます。例えば、甲も乙も木、丙も丁も火、戊己も土、庚辛も金、壬癸も水、として見ていくのです。

「命理学四柱推命」では、陽干・陰干ともに長生から始まり、長生・沐浴・冠帯……と進みますが、一般の四柱推命では、陰干のみは同じ位置が死となり、逆まわりで、死・墓・絶……とまわしています。しかし、命理学の真髄とされる『滴天髄《てきてんずい》』という書物では、なぜ陰干のみが長生の位置であるべきところを死として初め、そこから逆にまわしていくのは「不自然」であり、陰干も陽干と同様、長生の場所から、長生として始めることが「自然」であると、論説をしています（註：普通に四柱推命を勉強されている方は戸惑うかもしれませんが、これが生きた真の「命理学四柱推命」であることをご理解ください）。

では次に、あなたが新しく何かを始めるには、どの時期から開始して、いつ改革すべきかを検証してみましょう。

一．長生《ちょうせい》

甲・乙　木の人――亥の年、または月、日

丙・丁　火の人――寅の年、または月、日

戊・己　土の人――寅の年、または月、日

庚・辛　金の人――巳の年、または月、日

壬・癸　水の人――申の年、または月、日

活力がいよいよ充実し、新しい仕事の開始をし、起業などのスタートを切るときです。このように何事も本格的に活動を始めても良い機会です。

二、沐浴《もくよく》

甲・乙　木の人――子の年、または月、日
丙・丁　火の人――卯の年、または月、日
戊・己　土の人――卯の年、または月、日
庚・辛　金の人――午の年、または月、日
壬・癸　水の人――酉の年、または月、日

大変不安定なときです。赤ちゃんは生まれて、お湯に浸かり、身体を洗い清めます。一見好調のように見えますが、立ち上がった瞬間の不安定さがあります。このような状態のときに、新規なことを始めるのは破滅を招きますから、無理をせず慎重に行動するのが無難です。

三、冠帯《かんたい》

甲・乙　木の人――丑の年、または月、日
丙・丁　火の人――辰の年、または月、日
戊・己　土の人――辰の年、または月、日
庚・辛　金の人――未の年、または月、日
壬・癸　水の人――戌の年、または月、日

青年の心意気が旺盛です。何事も困難に耐えて発展向上できるときです。また、事を始めるのにも、精力的に行動できて順調にいくときです（註：ただし、壬癸水の人で夏生まれは、天干に戊土、丙火が乗っている年、月は、慎重を要します）。

四．建禄《けんろく》

甲・乙　木の人――寅の年、または月、日
丙・丁　火の人――巳の年、または月、日
戊・己　土の人――巳の年、または月、日
庚・辛　金の人――申の年、または月、日
壬・癸　水の人――亥の年、または月、日

生命が躍動するときです。仕事は盛んで成果をあげ、最も旺盛な活力を発揮します。会社員は地位向上し、人生を謳歌できるときです。

五、帝旺《ていおう》

甲・乙　木の人――卯の年、または月、日
丙・丁　火の人――午の年、または月、日
戊・己　土の人――午の年、または月、日
庚・辛　金の人――酉の年、または月、日
壬・癸　水の人――子の年、または月、日

ここは頂上です。強力な旺盛が発揮されるときで、権威と名声も財も、すべてが最高峰に達しています。しかし、頂点に達せば、そこを境に引き潮のように衰退していくのが自然の法則です。栄華は、いつまでも続くわけではありません。勢いに任せたり、この状態を続けようとしても、それを守り切れるものではありません。

そこで、最も大切なことは、イノベーション、つまり改革刷新することです。ですから過去の栄華に執着することなく、すべてを新規に「長生」の位置から出直すのです。そうすれば、また五年間発展することが可能です。

企業も個人の仕事についても同じで、四、五年が賞味期限となり、刷新が必要です。そうでなければ、次の「衰」に入っていきます。

六．衰《すい》

甲・乙　木の人――辰の年、または月、日
丙・丁　火の人――未の年、または月、日
戊・己　土の人――未の年、または月、日
庚・辛　金の人――戌の年、または月、日
壬・癸　水の人――丑の年、または月、日

今まで成熟が進んできましたが、活力は内に向かっています。つまり、勢力は次第に衰退に向かっているのです。このようなときに、焦って何かをしようとしても思いどおりには進展せず、かえって深みに落ち込む危険があります。疲労しないよう、注意が肝要です。

七．病《びょう》

甲・乙　木の人――巳の年、または月、日
丙・丁　火の人――申の年、または月、日
戊・己　土の人――申の年、または月、日
庚・辛　金の人――亥の年、または月、日
壬・癸　水の人――寅の年、または月、日

活力はさらに内に向かっています。盛運の時と同じ考えで行動すれば、失敗の危険が生じます。すべてのことが、思いどおりに進展しません。焦らずじっと我慢するときです。

八．死《し》

甲・乙　木の人――午の年、または月、日

丙・丁　火の人――酉の年、または月、日

戊・己　土の人――酉の年、または月、日

庚・辛　金の人――子の年、または月、日

壬・癸　水の人――卯の年、または月、日

万物すべてが活気のない時期です。完全に閉塞されて活力はありません。ですから何を始めても成果は望めません。あえて無理をせず活躍できる時を待つことです。

九．墓《はか》

甲・乙　木の人――未の年、または月、日

丙・丁　火の人――戌の年、または月、日

戊・己　土の人――戌の年、または月、日

庚・辛　金の人――丑の年、または月、日
壬・癸　水の人――辰の年、または月、日

活力はすべて静かに死滅し、墓に入るように眠ります。そして、次に目覚めるときを待つのです。このようなときに、無理に目覚めようとすれば、その行動は悪化を招きやすくなります。

十．絶《ぜつ》

甲・乙　木の人――申の年、または月、日
丙・丁　火の人――亥の年、または月、日
戊・己　土の人――亥の年、または月、日
庚・辛　金の人――寅の年、または月、日
壬・癸　水の人――巳の年、または月、日

さらに、眠りは深くなりました。死んで墓に入り、今はあの世、黄泉《よみ》の国にいるようなものです。黄泉の先頭の字である黄色は土の色です。つまり、万物は死して土になるのです。そして土は鉱石（金）を生みます。鉱石の色は、泉の文字の上にある白です。また、鉱石は、石清水となって泉《いずみ》を生じさせます。そして、水は万物を生じ養うのです。

絶は、このように衰廃の極みに達したところを示し、そこから新しく活力の躍動を迎えようとしている待機の時を表します。ここでは無謀を慎み、慎重な配慮を必要とします。

十一．胎《たい》

甲・乙　木の人――酉の年、または月、日

丙・丁　火の人――子の年、または月、日

戊・己　土の人――子の年、または月、日

庚・辛　金の人――卯の年、または月、日

壬・癸　水の人――午の年、または月、日

母が妊娠した状態を示しています。つまり、暗い闇からようやくにして一点の明かりが点灯され、長い休眠から目覚めて動き始めようとするときです。しかし、活力はまだ充実していません。積極的な活動は無理で、慎重さが大切な時期です。

十二．養《よう》

甲・乙　木の人――戌の年、または月、日

丙・丁　火の人――丑の年、または月、日

戊・己　土の人――丑の年、または月、日

庚・辛　金の人――辰の年、または月、日

壬・癸　水の人――未の年、または月、日

母の胎内で養われている状態を示しています。そして、新しい生命体が今まさに誕生しようとしています。その活力は外に出ようとみなぎっていますが、まだ養生するときです。急がず慎重に力を蓄えましょう。そして、次の新しい長生に、つまり誕生へと進んでいきます。

このように、スタート等の十二運を明示しましたが、個人として、生涯に関わるような重大な起業をする場合は、「第八章　運命式の見るポイント」で述べているように、自己の大運は、どのような位置にあるのか、及び自分は「旺命」か「柔命」であるのかをよく見極めてからスタートを切ってください。ただし、すでにでき上がっている会社などの組織の中で、組織人として行動する場合は別です。

（註：十二支を検索するには、ＰＣやスマートフォンからできますが、市販もしくはサービス品などで得られる暦・カレンダーも便利です）

第八章 運命式の見るポイント

メッセージ

自分の運勢を見よう

他の人たちとは違う自分がある

自覚し確立して

素敵な

人生のコースを決めよう

1. 十二支にも、十干がある

四柱推命は、陰陽五行のある十干から成り立っていますが、十二支はどうなのでしょうか？実は、十二支も五行があり、十干が含まれています。ですから、運命式四柱下段にある十二支は、どのような十干が含まれて、五行（木火土金水）のどれに該当しているのか、それを判明させなければなりません。

十二支には十干がそれぞれ含まれています。これを蔵《くら》の中に干があるといって、**蔵干**《ぞうかん》と呼んでいます。言い換えれば、クローゼットの中に着用する衣服を保存しているようなものです。

それでは、十二支に、どんな十干が納められているのでしょうか。クローゼットの中に保管している十干（十二支に含まれている蔵干）は何であるかを、表にまとめてみました。

なお、表に示している余気とは直前の干で、中気は真ん中に収納されている干です。また、正気はその十二支が持つ本来の十干です。

そして、寅巳申亥は陽干、丑辰戌未は陰干、子午卯酉は陰干になります。

蔵干表

	余気	中気	正気
子	－	－	癸
丑	癸	辛	己
寅	戊	丙	甲
卯	－	－	乙
辰	乙	癸	戊
巳	戊	庚	丙
午	(丙)	(己)	丁
未	丁	乙	己
申	戊	壬	庚
酉	－	－	辛
戌	辛	丁	戊
亥	戊	甲	壬

2.「縁によって」どの蔵干を選択し、採用するかを決める

十二支には、この蔵干表のとおり、十干がそれぞれ含まれています。子卯酉は一干ずつになっていますが、他の十二支は、それぞれが三干ずつになっています。その三干の中のどれを選んで採用するかが大変難しいところです（**午は三干になっていますが、「命理学四柱推命」では、丁のみとしています**）。

一般の四柱推命では、寅巳申亥の余気は、節入りから七日間とし、それから七日間を中気とし、以降次の節入りまでを正気としています。丑辰未戌は、節入りから九日間を余気とし、そ

れから三日を中気とし、以後は次の節入りまでを正気としています。また、子卯酉は正気のみとなっています。

しかし、**本書では真の命理学に則って日数は採用していません。本書では、収納している蔵干を周囲の縁に触れて表に出しています。**

例えば、亥の場合は、蔵干表のように、亥の中に戊甲壬が含まれていますが、運命式の天干に壬・癸などの水が出干していますと、亥の中の壬水を優先して記入します。また、天干に甲乙があれば、亥の中の甲木を優先して取用します。

あるいは、亥子丑と水のグループ（これを方垣合《ほうえんごう》にて北方水垣《ほっぽうすいえん》と呼ぶ）が並べば、亥子丑すべてを水として採用します。申子辰と並べば、三合水局《さんごうすいきょく》と称して、これもすべてが水となります。つまり、申の壬水・子の癸水・辰の癸水が出干したことになります。この方垣合や三合については、後ほど説明します。

ただし、優先して取用した以外の蔵干中に収納している十干は、すべて減失したわけではありません。大運や流年（年回り）によって、その縁に触れてまた出現します。

このあたりが、読者にとっては大変難しいと思われるかもしれませんが、これは、当会「命理学四柱推命の奥義」なのです。つまり、運命式は、常に五行（木火土金水）のバランスを重視しているのです。

例：二〇一八年（平成三〇年）二月一三日ＰＭ一一時一分生まれの場合

			（蔵　干）	
生年	戊	戌	（辛・丁・戊）	天干に戊があり、蔵干の戊を優先
生月	甲	寅	（戊・丙・甲）	天干に甲があり、蔵干の甲を優先
生日	丙	子	（癸）	子は癸のみ
生時	乙	未	（丁・乙・己）	天干に乙があり、蔵干の乙を優先

この命式は、生月の天干の甲が出干しているので、蔵干中の甲を優先して取得します。また、生年は、上に戊が乗っているので、蔵干の戊を優先して取得します。

生日の子は癸だけですから、蔵干は癸となります。生時の未は、天干の乙を優先します。

ここで、「節入り」について、少し触れておきたいと思います。

☆節入りは、毎月の節分

節入りとは、その日から当月が始まることです。つまり、毎月の節分として見ればよいのです。年の節分は年越しといって、我が国では昔から豆まきをしますが、推命学では、その日から本当の一年が始まるのです。ですから運命式の作成も、節分（二月四日）の前（二月三日以前）は、前年として見ています。

同様に、当月の節入り前は、前月となります。節入りは、その年によって多少異なりますが、平成三〇年でいえば、二月四日、三月六日、四月五日、五月五日、六月六日、七月七日、八月七日、九月八日、十月八日、十一月七日、十二月七日、一月六日が節入りとなっています。その日以前は前月となります（節入り日は暦にも出ています）。

このように、季節の分かれ目を立春、立夏、立秋、立冬、また一年に節分があるように、それぞれの月にも節分があるのです。

節入りは、ＰＣ・スマートフォンの「四柱推命運命式作成」でも加味されていますので心配はありません。以下に二つほど例を挙げておきましょう。

まずは、**京セラ稲盛和夫氏**のものです（金星が多く強すぎる旺命です）。

				蔵干
生まれ年	一九三二年	辛金	未	丁乙（己）
生まれ月	一月	辛金	（丑）	癸（辛）金己
生まれ日	二一日	（辛）金	巳	戊（庚）丙

優先します

次に、**大塚家具、現社長・大塚久美子氏**です。

生まれ年	一九六八年	戊	申	戊壬庚
生まれ月	二月	甲	寅	戊丙甲
生まれ日	二六日	丙	寅	戊丙甲

七冲

戊を優先するが庚の財を用神とする

優先（甲の印星が多い）

大塚氏の命式は、我丙火に対して甲木の印星（扶助の星）が多くなっています。「旺命」ですが、これを印星大過といいます。したがって、用神（守護神）は、年支にある申中の庚金（財）とします。なぜならば、我を扶助する印星の甲木が多すぎるので、金剋木と庚金で甲木を伐採する必要があります。幸いに申の中にある庚金を用神とし、庚金は我が丙から見れば、財星となります。この意味は、我丙火が、庚金に対して、火剋金と抑制（剋）するのは分力といって、我が力を消耗させて得るものですから、これを財星と呼称しているのです。

ただ大塚氏の場合、年支の中の財星と月支の寅とが七冲しています。七冲は十二支に含む十

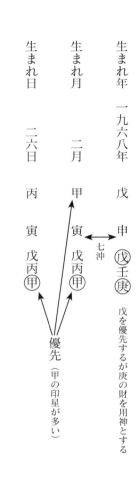

干を破壊してしまいます。そして財星は財貨ですが、人事では父の星にもなりますので、父親とは、相容れないものがあるのではと推察します。その上、年柱は、第一章で述べたように父祖の意味があります。

3. 握手すれば、その間は動けない「合《ごう》」の作用

十干も、十二支にも「合」というものがあります。**種類は、干合、支合、三合、方垣合**です。合は握手と同じで、友好関係はありますが、「**命理学四柱推命**」では、**合すれば働きを忘れる**と称します。つまり、**合すれば動けなくなる**のです。ちょうど握手と同じで、握手は、右手には刀剣も、銃も持っていない友好の表現ですが、その瞬間は動けないデメリットもあります。テレビのニュースで、各国の首脳が握手している光景がよく見られますが、それは、それなりの思惑があるのでしょう。

合は、次のとおりです。

「干《かん》合《ごう》」

甲	己	土化
乙	庚	金化
丙	辛	水化
丁	壬	木化
戊	癸	火化

干合に限って、変化する場合は、命式の中での星がすべて同じ五行であることが条件です。変化する五行を抑制する五行があれば、ただ合しているのみとなります。

例えば、甲と己は、干合表のように合して土に変化しますが、すべてが戊土・己土・丑土・辰土・未土・戌土のように、土ばかりの命式の場合は、合している甲は、土に合化するのです。しかし、そこに土の剋となる木の五行があれば変化せず、合して働きを忘れるだけとなります。干合の表を見ると、乙と庚は合します。普通は働きを忘れる合ですが、命式すべて金の五行ばかりであれば、乙が金の五行に合化され、乙木は金に変化します。つまり、合化は強いものに従って変化するのです。以下同様です。

もちろん、合して働きを忘れ去るので、悪い星（五行）が合して働きが去ることはよろしいが、よい星が合して去るのは困りものです。

「支《し》合《ごう》」（十二支の合）

子・丑　土に化す

寅・亥　木に化す

卯・戌　火に化す

辰・酉　金に化す

巳・申　水に化す

午・未　土に化す

支合は、隣同士に並べば、必ずこのように変化します。

「三《さん》合《ごう》」

申・子・辰　水局

亥・卯・未　木局

寅・午・戌　火局

巳・酉・丑　金局

これも隣接することによって三合が成立し、それを「三合開局」と称しています（局とはそ

三合図

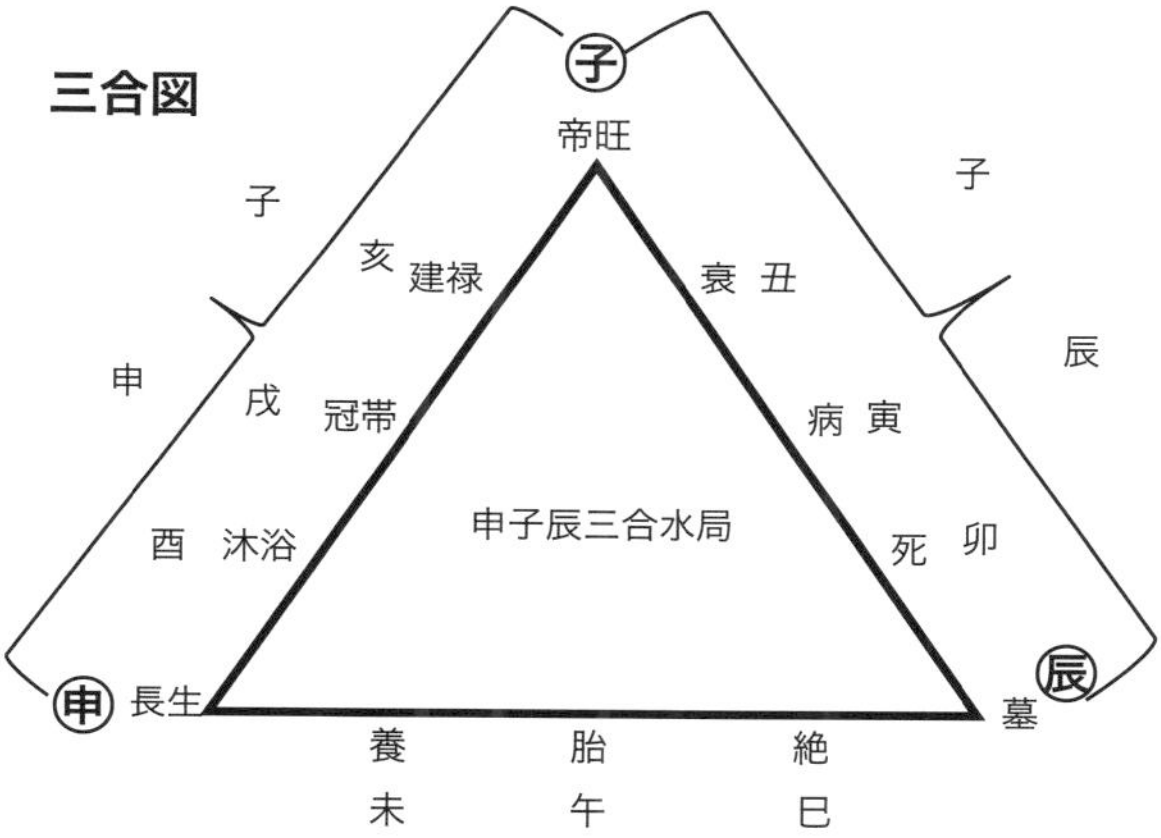

の五行が強くなることです)。

また、真ん中の子・午・卯・酉（これを四仲神といいます）があれば、片方の一支がなくても、「半会」といって合するとみます（ちなみに、亥巳寅申を四孟神といい、丑辰未戌を四墓神と称します)。

例えば、申子辰の場合、辰がなくても子があれば、「申子の半会」とし、また、申があって辰がなくても、子があれば「子辰半会」とします。

(註：三合の成り立ちは、第七章の十二運星を総合させたもので、該当部分を参照してください)

申子辰・三合水局を図示すれば上図のようになります。他の三合も同じ要領です。

「方《ほう》垣《えん》合《ごう》」

亥　子　丑
北方水垣《すいえん》
（水が強くなる水のグループ）

寅　卯　辰
東方木垣《もくえん》
（木が強くなる木のグループ）

巳　午　未
南方火垣《かえん》
（火が強くなる火のグループ）

申　酉　戌
西方金垣《きんえん》
（金が強くなる金のグループ）

方垣合は、季節的に考えれば理解しやすいと思います。つまり、亥子丑は十一月・十二月・一月の冬月となり、寒冷で水気が強いグループです。寅卯辰は、二月・三月・四月の春月で、木気が茂るグループです。巳午未は五月・六月・七月で、最も暑気で火気のグループとなります。また、申酉戌は、秋冷の候で、金気の強いグループです。そして方垣合は、合の中で最も強い合となります。このグループを「方垣合」と名称します。

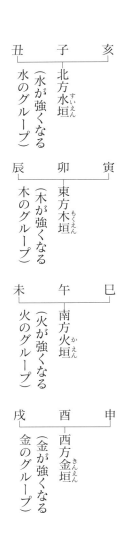

ただし、前記のように**すべて合は、隣接するのが条件です。**例えば、北方水垣の場合、亥子(寅)丑と寅を挟めば合は成立しません。他の合も同じで飛び合はありません。

次項で述べる「大きなうねり」は、この方垣として続く大運、つまり、当運の十年間は亥で、次の運十年間は子で、続いての運十年が丑となる場合、合計三十年間の大運は、北方水運となり、水気の強い大運が続くのです。したがって、水を用神とする人は、三十年間好調運となるのです。逆に水気を忌む運命式の人は、三十年間最低の運となります（大運については本章の5．大運の出し方を参照してください）。

☆合はなぜ変化するのか

以上を「命理学四柱推命」から見ますと、国際的な首脳同士の握手は、大変友好的に見えますが、弱者が、強者の意向に迎合して、強者の意に染化するのではとも考えられます。同じように、合は、強い方の五行に引かれて変化します。ですから、干合で変化したり、また三合で水局したり、方垣合で北方水垣になったりするのです。

4．大きなうねりと、小さな波

地球上、いや大宇宙においても、いっさいの事物や事象は、一瞬も同じものではなく、常に変化流転している状態にあります。このような変化流転の中でも、比較的に変化がおだやかで緩慢に見える「小波」もありますが、逆に長きにわたる大きな「うねり」もあります。

運勢も同じです。**毎年変化する運を「流年運」と呼び、十年単位の運、および三十年単位の大きな運を「大運」と呼称しています。**

自己の運を見るのに、大運ほど正確に見られるものはありません。命式で表明された原命が、水ばかりであったり、火が多く偏っていたりして、アンバランスな命式だとしても、それを補う大運であれば、その間は好調となるからです。

命式のバランスを見て、「何が不足して、何が多すぎるのか、そのために必要な五行は何か？」を見つけるのが、「命理学四柱推命」の要《かなめ》となります。その必要となる五行が「用神」となる星です（わかりやすくするために用神を守護神と呼び変えていますが、以下「用神」と呼称します）。

その**「用神」が運命式の中にあって、しかも、しっかりとしておれば、素晴らしいものとなるのです。しっかりとしているとは、**用神に根があることです。根とは地支（天干の下にある十二支）のことです。重要なことですが、天干は幹で地支はその幹の根っこになるのです。地支に根があればそれを「通根」と呼称しています。つまり、天干に丙火の用神があっても、地支は水の十二支ばかりであれば、丙火は通根していなく、用神は弱いとみるのです。

例えば、寒冷の冬の月に生まれて、太陽の丙火が必要となります。つまり、丙火が用神になりますが、幸いに天干に一つ丙火の太陽があったとします。そして、地支に寅・卯・辰の木性や、巳・午・未の火性があれば、これを丙火の根とします。

また、地支にこのような温暖の十二支が存在せず、申・酉の金気や亥・子・丑の水気のように秋冷・寒冷の十二支ばかりであれば、天干の丙火に根がなく、丙火は孤立無援となります。

しかし、弱い「用神」も、寅卯辰の春の運、続いて巳午未の火のグループの大運が巡れば、大運によって丙火の用神は活性化します。そして、その間は素晴らしい発展を遂げることができます。十年であれば十年間、三十年であれば三十年間、それ以上ならそれ以上と、幸運な進展を続けることができるのです。

ところが、運命式（原命）に用神がまったくない人は、せっかく用神が元気な大運であっても、前者のような大きな発展性は見られませんので、まあまあの運ということになります。もちろん、現実には大きな発展を遂げている人もいます。これは、生まれ時間が不明でも、おそらく時間に用神があるからだと推測します。

「用神」は運命式上、必要不可欠な星です。つまり、用いるべき神（星）だからです。

とにかく大運から、あなたの一生がわかるのです。もし悪い運勢でも、前もってわかれば、それを防ぐ手立てがありますし、好調になる変化の時機もわかるのです。

くり返しになりますが、PC、スマートフォンで、「四柱推命運命式作成」と検索し、生年月日を記入すれば、命式と共に、大運も自動的に見られるようになっています。ですから、大運の作成の苦労は一切ありません。

しかし、**「元々の仕組みを知りたい」方のために**、一応述べておきますので、参考にしてください。

5. 大運の出し方

大運は、「運命式において、生れた月の干支をもって第一運」として始まります。

まず、生まれた年（年柱）を見てください。そして、その生年の十干が、「陽年（甲丙戊庚壬）」であるのか、「陰年（乙丁己辛癸）」であるのかを確認してください。

大運の流れは、

（イ）「男命の年柱が陽干」であれば、生まれた月（月柱）を第一運として、生まれた月（月柱）から始まり、「六十《ろくじっ》花《か》甲子《こうし》表」（235頁）で、順番に記入していくのです。

例えば、生まれた月が庚午であれば、庚午から辛未・壬申・癸酉・甲戌……というように、順に記してください。

例1

男性「**陽年**」生まれ

注意

生年	甲	戌
生月	庚	午
生日	庚	申
生時	庚	辰

大運順行

庚午	第一運
辛未	第二運
壬申	第三運
癸酉	第四運
甲戌	第五運
乙亥	第六運
丙子	第七運

（ロ）「男性の年柱が陰干」であれば、同様に生月の月柱を第一運として始まりますが、六十花甲子の「順番を逆」にしていくのです。つまり、月柱が庚辰であれば、庚辰から始まって、己卯・戊寅・丁丑・丙子……とさかのぼっていくのです。

例2

男性　「**陰年**」生まれ

注意

生年	乙	未
生月	庚	辰
生日	壬	子
生時	癸	丑

大運逆行

庚辰	第一運
己卯	第二運
戊寅	第三運
丁丑	第四運
丙子	第五運
乙亥	第六運
甲戌	第七運

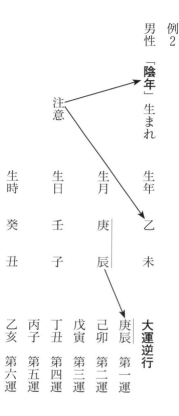

（八）女性の場合は、男命の逆になります。

女性の年柱が「陽干」の人は、男命とは逆に進みます。つまり、生月が癸亥なら、癸亥から壬戌・辛酉・庚申・己未・戊午……と逆行して書きます。

例3

女性「**陽年**」生まれ

注意

生年	戊	戌
生月	癸	亥
生日	壬	子
生時	甲	辰

大運逆行

癸亥	第一運
壬戌	第二運
辛酉	第三運
庚申	第四運
己未	第五運
戊午	第六運
丁巳	第七運

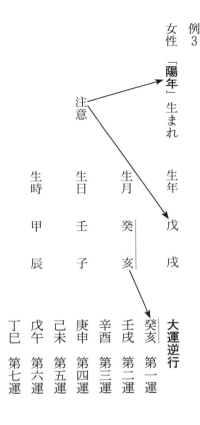

（二）女性で「陰年の年」に生まれた人は、男命の陽干の年生まれのように、生月から順に記していきます。例えば、生月が、癸亥であれば、癸亥から壬戌・辛酉・庚申・己未……と順番に書いていきます。つまり、男性の陽年生まれと同じです。

女性「**陰年**」生まれ

注意

生年	丁	酉
生月	甲	辰
生日	丁	卯
生時	壬	子

大運順行

甲辰	第一運
乙巳	第二運
丙午	第三運
丁未	第四運
戊申	第五運
己酉	第六運
庚戌	第七運

以上のように、「六十花甲子表」の順序に従って進む大運を「順天起行運」と称し、逆に進むのを、「逆天起行運」と呼称しています。

六十花甲子表

1	甲子 1	甲戌 11	甲申 21	甲午 31	甲辰 41	甲寅 51
2	乙丑 2	乙亥 12	乙酉 22	乙未 32	乙巳 42	乙卯 52
3	丙寅 3	丙子 13	丙戌 23	丙申 33	丙午 43	丙辰 53
4	丁卯 4	丁丑 14	丁亥 24	丁酉 34	丁未 44	丁巳 54
5	戊辰 5	戊寅 15	戊子 25	戊戌 35	戊申 45	戊午 55
6	己巳 6	己卯 16	己丑 26	己亥 36	己酉 46	己未 56
7	庚午 7	庚辰 17	庚寅 27	庚子 37	庚戌 47	庚申 57
8	辛未 8	辛巳 18	辛卯 28	辛丑 38	辛亥 48	辛酉 58
9	壬申 9	壬午 19	壬辰 29	壬寅 39	壬子 49	壬戌 59
10	癸酉 10	癸未 20	癸巳 30	癸卯 40	癸丑 50	癸亥 60
空亡	戌亥	申酉	午未	辰巳	寅卯	子丑

この「六十花甲子表」のとおり、甲子の干支から癸巳まで、六十周期のサイクルになっています。つまり、年のサイクルにすれば、六十年の周期となり、六十一年目に改まるから、六十歳を「還暦」としているのです。

念のために、男女命の大運の「順天起行運」と「逆天起行運」の例を再度示します。生年の陰陽によって順逆を定めますから、確認してください。

（註：陽干とは甲丙戊庚壬、陰干とは乙丁己辛癸です）

（1）順天起行運の場合の例（順行）

平成六年六月二三日午前八時生まれ

男命　陽年生まれ

年	甲戌	庚午	第一運
		辛未	二運
月	庚午	壬申	三運
		癸酉	四運
日	庚辰	甲戌	五運
		乙亥	六運
時	庚辰	丙子	七運

大運順行

平成七年八月二〇日午後八時生まれ

女命　陰年生まれ

年	乙亥	甲申	第一運
		乙酉	二運
月	甲申	丙戌	三運
		丁亥	四運
日	癸未	戊子	五運
		己丑	六運
時	壬戌	庚寅	七運

大運順行

（2）逆天起行運の場合の例（逆行）

平成六年六月二三日午前八時生まれ

女命　陽年生まれ　大運逆行

年	甲戌	庚午	第一運
		己巳	二運
月	庚午	戊辰	三運
		丁卯	四運
日	庚辰	丙寅	五運
		乙丑	六運
時	庚辰	甲子	七運

平成七年八月二〇日午後八時生まれ

男命　陰年生まれ　大運逆行

年	乙亥	甲申	第一運
		癸未	二運
月	甲申	壬午	三運
		辛巳	四運
日	癸未	庚辰	五運
		己卯	六運
時	壬戌	戊寅	七運

☆大運年齢の計算

以上で大運の取り方の順逆が判明したと思います。これが定まると、一運に対し年数をとります。年数は三日をもって一年（一歳）を司るとします。

また、一か月（三十日）を十年とします。なぜなら、万物の成敗の周流は三六〇余日ですから、三で除すれば初運の数が出ます。

逆行運の命は、生日から生月の節入り日までの日数を逆算して、その日数を三日で除すれば数が出ます（註：計算した結果は、ＰＣ・スマートフォンですでに出ています）。

節入り日は暦に出ています。この節入り日からがその月に入るのです。つまり毎月の節分です。ですから、節入り日前は、前の月の干支になります。

例えば、二〇一八年七月五日ならば、六月の干支とします。つまり、七月五日生まれの人は、七月七日が節入りですから、月は六月の干支と記入しますが、日は七月五日の干支を見てください（註：毎月の節入り日は、年度によって多少異なりますから、暦、または、ＰＣ・スマートフォンの運命式作成で確認してください）。

このように節入りは、毎年越《としこし》の二月四日の節分と同じく毎月にも節分のような節入りがありますが、詳しくは、本章「☆節入りは、毎月の節分」（２１９〜２２０頁）でも述べていますので参照ください。

（1）大運が順行の場合の計算例（男命陽年生まれ、女命陰年生まれ）

◎大運が順行の場合

生日から次月節入り日までの日数を数えて三日で除します。

生月の節入り日を六日とする

生月の節入り日を六日とする

生日が、一五日生まれとする

二二日

次月の節入り日を七日とする

22日÷３日＝７年（歳）余り１

◎大運が逆行の場合

生日から生月の節入り日までの日数を逆に数えて、その数を三日で除します。

生月の節入り日を六日とする

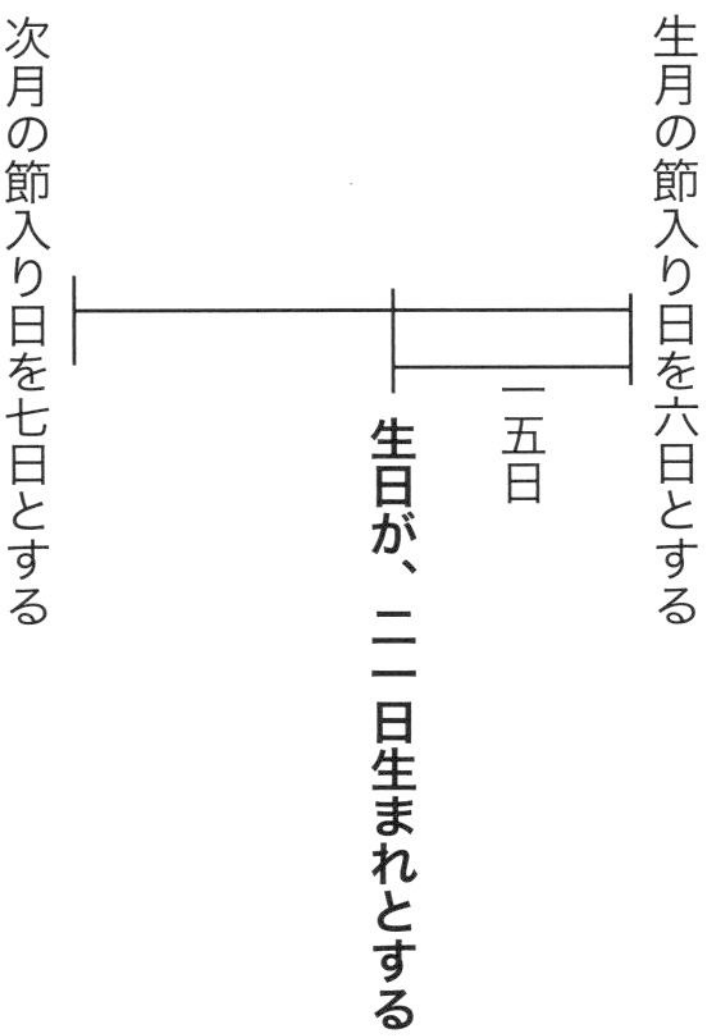

15日÷3日＝5年（歳）

まず、順行運の場合、生日から次月の節入り日までの日数を数えてください。逆行運の人は、生日から逆にその月の節入り日までの日数を数えてください。

その日数がわかったら、その日数を三日で除します。その除した数が、誕生からの第一運の年数になります。例えば、その数が五であれば、第一運は〇～五歳となります。そして次の第二運は六～一五歳とし、続いて第三運は、一六～二五歳となり、十歳ずつ加算していくのです。

◎大運が順行運の場合の計算例（男陽年生まれ、女陰年生まれ）

生まれた生年月日が、二〇一八（平成三十年）年三月一〇日に生まれた男性とします。万年暦で表を見ますと、次の節入りは四月四日です。三月一〇日から節入りの四月四日までの日数は二五日です。

次に、その日数二五日を三で除すと、二五÷三＝八余り一となります。つまり、八歳運となりますが、余りの一は、三でもって一年とするので、一が四か月を表します。つまり、八歳と四か月となります。実際には四捨五入して八歳運とします。

男命

生年	二〇一八年	戊	戌
生月	三月	乙	卯
生日	一〇日	辛	丑

大運

乙卯	〇　〜　八歳
丙辰	九　〜一八歳
丁巳	一九〜二八歳
戊午	二九〜三八歳
己未	三九〜四八歳
庚申	四九〜五八歳

◎大運が逆行の場合の計算例（男陰年生まれ、女陽年生まれ）

生日から生月の節入り日までの日数を逆に数えて、その数を三日で除します。

（註：男命の陰干と、女命の陽干は逆行します）

例えば、二〇一七年三月一〇日の男性の場合逆行しますので、遡《さかのぼ》っての節入りは、三月四日です。そして生日一〇日から戻って、節入り三月四日までの日数は六日です。

次に、日数六日を三日で除すと、六÷三＝二で、つまり二歳運となります。

運命式（大運は逆行）

男命

生年	二〇一七年	丁（陰干）	酉
生月	三月	癸	卯
生日	一〇日	丙	申

大運

癸卯	〇～二歳
壬寅	三～一二歳
辛丑	一三～二二歳
庚子	二三～三二歳
己亥	三三～四二歳
戊戌	四三～五二歳
丁酉	五三～六二歳

以上で大運の年数の出し方が判明したと思います。初運がわかると以後は、その数に十年ずつ加えます。例えば、第一運（初運）が七歳であれば、次の運は一七歳まで、次が二七歳まで、三七歳まで、となります。ＰＣ・スマートフォンを利用される方は、照合してみてください。

◎方垣運《ほうえんうん》と接木運《せつぼくうん》

本章の中で方垣合（２２６頁）を述べましたが、大運においての方垣は、非常に大きな作用があります。その方垣の種類は次表のとおりです。

方垣の種類（方垣は、季節的に分けた五行のグループ）

亥（十一月）
子（十二月）　北方水垣《ほっぽうすいえん》（冬）　水性が強くなる運。（水のグループ）
丑（一月）

寅（二月）
卯（三月）　東方木垣《とうほうもくえん》（春）　木性が強くなる運。（木のグループ）
辰（四月）
巳（五月）
午（六月）　南方火垣《なんぽうかえん》（夏）　火性が強くなる運。（火のグループ）
未（七月）
申（八月）
酉（九月）　西方金垣《せいほうきんえん》（秋）　金性が強くなる運。（金のグループ）
戌（十月）

※（○月）としているのは、気候により理解しやすくするために記入したもので、実際には月は記述しません。

方垣は、図のように「西方金垣とか東方木垣」といったりしていますが、その間を繋ぐ場所を「接木運」と呼称しています。これは大運を見るときに大いに役立ちます。各々の方垣や接木運を知る必要があるからです。

「接木運図」

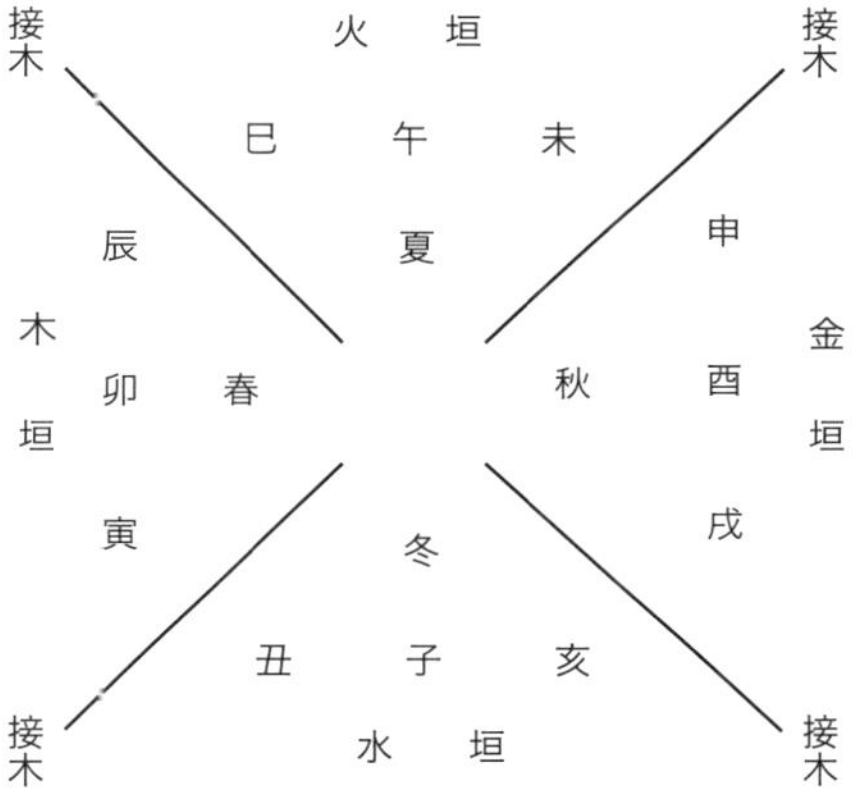

方垣が次の方垣に入る角を接木運と呼びます。

この接木運は、いかなる年齢の場合でも、一応注意する必要があります。

特に老人や重病人は適切です。

また、交脱運とも呼び、運気の転換期ともいいます。

〈接木とは〉

季節でいえば、春から夏に変わる辰月（四月）。夏から秋に変わる未月（七月）。秋から冬に変わる戌月（十月）。そして冬から春に変わる丑月（一月）です。

ちなみに、辰月（四月）。未月（七月）。戌月（十月）。丑月（一月）の四か月は、「土用月」と言われる季節です。通常では七月の土用は「土用うなぎ」といって、恒例としてうなぎを好んで食べますが、「土用」は七月だけではなく、前記のように年に四回もあるのです。つまり、季節の変わり目が土用なのです。

そして土用月は、季節の変わり目ですから、気候の変動があり、漁夫は海が荒れるといって嫌います。特に一月は降雪が多く、四月は雨天が続き、七月は猛暑となり、十月は台風の季節です。

また、土用月は土の気が盛んになりますので、地面を掘り起こしたりするときは怪我や事故に注意してください。

季節と同様に、**大運が「丑・辰・未・戌」のときは、運勢の大きな節目となりますので、これを木のつなぎ目のように、接木運《せつぼくうん》と呼称します。また、そこから運勢が向上したり、下降したりすることが多くなります。特に、この節目には病人や高齢者は注意を要します。**

ですから、その節目をわかりやすくするために、接木の箇所に区切り線を入れてください。

例1　平成二年七月一三日午後八時一〇分生まれ

男命

生年	庚	午
生月	癸	未
生日	己	卯
生時	甲	戌

大運　順行八年運

癸未	〇～八歳	
		接木運
甲申	九～一八歳	西方金垣
乙酉	一九～二八歳	西方金垣
丙戌	二九～三八歳	西方金垣
		接木運
丁亥	三九～四八歳	北方水垣
戊子	四九～五八歳	北方水垣
己丑	五九～六八歳	北方水垣

例2　美空ひばりの大運

生日	**一九三七年**	**丁＋**	**丑一**	
生月	**五月**	**乙＋**	**巳＋**	**建禄**
生日	**二九日**	**丙**	**辰一**	

大運

乙巳	〇～　二歳	
丙午	三～　一二歳	
丁未	一三～二二歳	接木運
戊申	二三～三二歳	
己酉	三三～四二歳	
庚戌	四三～五二歳	接木運

七沖（辰一 ⟷ 庚戌）

今でもテレビで、懐かしの大スターとして紹介される天才歌手・美空ひばりさんは、大運の節目のとおり、五二歳で病没されました。

その数日前に、筆者が某生命保険会社で講演をした折、「美空ひばりさんが亡くなるかもしれませんよ」と、うかつに口を滑らせてしまったことがありました。それは、大運五二歳の接木の節目の上に、我が身の地支と大運が七沖し、さらに入院したと聞いたからです。このような場合は、無理な出演で身体を酷使せず、少しでも安静にしてほしかったと悔やまれるところです。

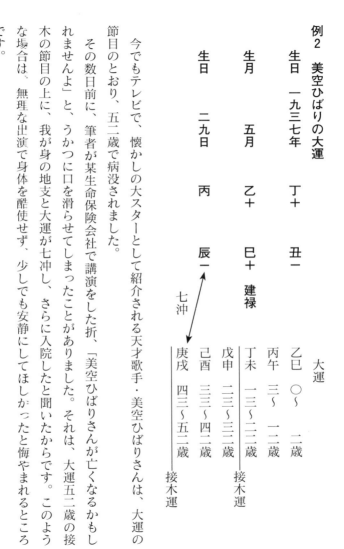

以上のように、大運の出し方や、仕組みを知ることができたと思います。この吉凶は運命式によって異なります。

仮に、我生日が乙木にあたるとします。生月が冬月に該当すれば、この人は春暖の地、つまり春の寅卯辰、または、夏の巳午未の陽暖に入れば吉と知ります。

このようにして、大運は、気候のグループである「方垣《ほうえん》」をもって重要としています。

また、「柔命」の人は、我が星が旺盛になる大運に入ると、大きな栄光を享受することになります。「旺命」の人は、財官の大運になると、大いに富むことになるのです。

（註：財は自分の星から我が力を分け、努力して財貨を得ることになり、官は我の剋となって抑制される星です。だから「旺命」の人は、バランスがよくなって好調な運となります）

6．大運の見方として

くり返しになりますが、大運は、ＰＣ・スマートフォンで簡単に検索できます。ただし、接木運は、ＰＣ・スマートフォンでは棒線が記してありませんので、大運を紙に書き写すかして、接木運の場所に棒線を引いて区画をしておいたほうが見やすくなります。

大運は主として、並んでいる地支（十二支）を見ていきます。また、上に乗っている干は、補助的に見ます。なぜなら、大運に並ぶ十二支は、元の命式（原命）にあるすべての十干や十二支の根っことなるからです（これを通根といいます）。ちなみに前項で説明した方垣（季節のグループ）も三合《さんごう》も、すべて十二支のみでできていますから、原命（運命式の十干及び十二中の蔵干）の根っこになるのです。

☆四柱推命は、「用神」を見つけるのが、最も大切なキーポイント

「用神」とは命式、つまりその人の一番欲しい必要な神（木火土金水の五行）のことで、いわゆる「守護神」です。

最初の命式の中で、この命式の用神はどの五行（木火土金水）であるのか、また、その用神が運命式の中に存在しているのか、あれば用神が強いか弱いかを、つまり用神の根をみるのです。

用神が弱くても、大運で強くなれば、つまり大運に根があって通れば、その運は吉運となります。しかし、まったく運命式に存在していなければ、せっかく用神を強くする運に来ても大きな幸運は得られないかもしれません。ところが、現実は素晴らしい幸運であれば、生まれ時

間に用神があると想定できます（生まれ時間の不明な人が多いからです）。

用神には水を欲する人、木の欲しい命、火が用神となる人、土が用神で欲しい命、金を用神として望む命、などと大きく分けられます。また、大運において、北方水垣とは水が強く、東方木垣は木が強く、南方火垣は火が強く、西方金垣は金が強いことを表現しています。つまり、望むべき用神が強くなる運を求めるのです（註：方垣は土地の方位を指すのではなく、前述したように気候的なものをいいます）

そして、用神が、木性であれば、亥子丑の北方水運で木を扶助し、寅卯辰の東方木の運が木の根となり木が強くなります。

用神が、火性であれば、寅卯辰の東方木の運が木で火を燃やし、及び巳午未の南方の火の運が火を強力にします。

用神が、土性であれば、巳午未の南方火の運が「火生土」と相生して、土を助けますが、夏に生まれた人は土が乾燥しますから、水の潤いも必要となります。

用神が、金性であれば、申酉戌の西方金気の運が金の根っことなって強くします。もしくは辰丑の湿った土運であれば、土生金と相生し土が金を生助します。

用神が、水性であれば、西方運申酉の金の運が、金生水と相生し水を相助けます。または、亥子丑の北方運は、水が旺盛になります。

次の例は、知人の九七歳になる、元気なおばあさんの命式です。

生年	一九二〇年	庚金㊀	申金㊀
生月	三月	己土㊉	卯木㊉
生日	一一日	**（我）戊土**	辰土㊉

大運		
辛未	七二～八一歳	火運
庚午	八二～九一歳	火運
己巳	九二～一〇一歳	火運
戊辰	一〇二～一一一歳	土運
丁卯	一一二～一二一歳	木運

この運命式は、我戊土日元に生まれて、金が二つ、木が一つあり、したがって我日元は、我が戊土に卯の木性が剋《こく》神（我を抑制する星）となり、さらに、我戊土から年干の庚金と年支の申金に、土生金と洩らして力を減失します。土が少しありますが、「柔命」となります。ですから、我が戊（土）を扶助するためには、火生土となる生じ助ける火を必要とします。また、我と同じ土も守護神（用神）です。火はまた、金を「火剋《こく》金」と抑制してくれて、火が金を熔解する役目があります。つまり、「用神は火の五行」となります。

命式中には火の五行がありませんが、大運の一〇一歳まで、暖かい火の運を行き、元気旺盛となるでしょう。それから一一一歳までは、土の人で土の運ですから、我が身を強くし、まだお元気だろうと推測できます。

しかし、ここで注意しなければならないことがあります。一〇一歳から一〇二歳の運に入るところに線を入れていますが、これは前項で述べた接木運で、人生の大きな節目なのです。この節目および、その前後は、高齢者や病人は最も注意しなければならない危険な節目となっています。これが本当の、いわゆる厄年です。

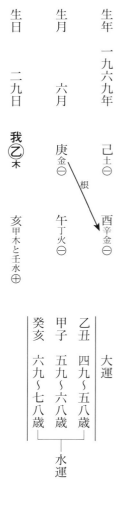

次に、元大阪市長の橋本徹氏の命式例です。

生年	一九六九年	己土⊖	酉辛金⊖
生月	六月	庚金⊖	午丁火⊖
生日	二九日	**我乙木**	亥甲木と壬水⊕

（庚金→酉辛金：根）

大運

乙丑	四九～五八歳	水運
甲子	五九～六八歳	水運
癸亥	六九～七八歳	水運

この命式は、我乙木の日で、六月午月に生まれ、火の最も盛んな真夏の生まれです。そのため、急ぎ水の潤沢が欠かせません。水がなければ我が乙木は枯れてしまうからです。その上に、

生月天干の庚金は生年地支の酉金に根が通って強くなり、我が乙木を伐採しようとしています。ですから、橋本氏は「柔命」です。

この庚金の殺を防ぐには、庚金の間に水を挟めば、金生《しょう》水と金（鉱石）は水を生じさせ、そしてさらに水生《しょう》木と、水が我が乙木を潤わせ、また通関神の働きもします。つまり、金は潤いの水の源となって両用の功績になります。

したがって、用神は亥中の壬水となります。大運は、北方水運を行き、七八歳までは大変好調運としてみます。

7. 人生の大きな節目

人生には、それぞれの節目がついて回ります。節目は、人生の流れを大きく変える転機ともいえます。そして竹の節目のように、節目が多いほど堅固になるという人生訓もありますが、筆者が述べる節目は、そうしたものではありません。

運という波があることを知り、また、運の節目と節目の間には、上昇していく大きな山のような波や、下降していく谷のような波があります。その波の状態をよく見極めて「サーフィン」

のように、うまく波乗りをしていくことが、上手な人生の波乗りなのです。

年の始めになりますと、必ず「今年は家族共々どんな年になるのでしょうか」と、問い合わせが多いものです。一年の運を流年運と呼んでいますが、たとえ、大運が良好であっても、流年が最悪であれば、病気や災難に遭ったりすることもありますが、逆に大運が低調であっても、流年（年回り）がよければ、その年は良い年になります。

どのような変化にも対応できるよう、前もっての心構えが必要です。備《そな》えがあれば憂《うれ》いなしで、病気・災難を未然に防ぐこともでき、良好な運命に変えることもできるのです。

「流年の見方」

大運は、地支（十二支）に重きをおいていますが、流年（年回り）は、まずその年の十干（天干）を重点的に見ます。また、地支は、大運と同じく命式からの根が多少は関係していますが、主に七冲や六害の作用の有無を見ます。

例えば、その年の十干は、我が干との関係をみるのです。これは「通変星」という名称になります。我の干と同じ五行の干（比肩・劫財）の年か、我から洩《も》らす（傷官・食神）か、あるいは財星（偏財・正財）か、我を抑制する官星（偏官・正官）か、印星（偏印・印綬）かを見るのです。これを「旺命」「柔命」によって、喜ぶ星か、忌む星かで判断していきます。

つまり、「旺命」は、我が力を減ずる、マイナス（－）の食神傷官・財星・官星を喜び、「柔命」は、我を扶助する、プラス（＋）の印星・比肩劫財を喜ぶのです。

（註：「通変星」については、残念ながら紙面の都合上割愛しています。機会があれば述べたいと思っています）

あとがき

愛の賛歌

「私には幸せが望めない」と思われる方がいましたら、とんでもない間違いです。人間は、少なからず「愛」の心を持っています。例えば、愛すべき「ペット」を飼っていたとします。愛するペットを眺めているときは、とても幸せを感じるはずです。趣味も愛しているから楽しく幸せです。そして時間の経過も感じません。

芸術家や科学者は大自然を愛しています。愛しているから研究や制作に没頭することに幸せを感じているのです。

私は過去の人生において、ずいぶんと空回りを続けたように思えてならないことがあります。失敗ばかりの人生も、それらはすべて自分の歴史です。その歴史があるから、今の幸せがあるのではないかと思います。

戦中戦後の食料難を振り返ってみますと、食べ盛りの年頃で、学校での弁当箱には蒸し芋がころころとあるだけの時もありました。今の若者が聞けば、何とひもじいことと理解ができないでしょう。でも、その時はその時でそのようなものだと、別に不幸を感じることはなく、愛国心とともに、それなりの幸せがあったのです。つまり、日本を愛し、父母を愛し、また、誤解を恐れずにいえば、あの悲惨な戦争さえも愛していたかもしれないのです。

愛＝幸せです。

今は飽食の時代で、ご馳走は山ほどありますが、それでもいかにすればもっと物質的な豊かさを得られるだろうかと、書店には成功読本が山積みされています。そして、成功者の体験談に耳を傾ける人がたくさんいます。そこには「ニーズ」が大切であるとか、「お客様に喜んでもらうことを考えなさい」というように、たしかに納得する話ばかりです。

しかし、うわべだけではなく、自分を愛し、商品を愛し、そして人を愛する心が根底になければ、マニュアルだけの絵に描いた餅になり、苦難のみが残ることになる恐れがあります。

愛はすべての幸運の土台になり、愛があってこその幸福感です。そこに本書でくり返し述べている、「先進性と創造性」に繋《つな》がっていきます。そして、「財↓官（仕事・名誉・地位）↓文化文明↓我へ」と自然に循環していく天命の法則があるのです。

日本人は、他国に類を見ないマナーのある民族だと自賛しますが、それは人を尊び愛する礼儀と正しく美しい武士道（さむらい）のＤＮＡを抱いているからでしょう。

ですから、日本の歴史と共に自分の歴史があり、苦行に見えた歴史があればこそ現在があることを忘れてはなりません。若者から「先生、私の未来を占ってください」とよく聞かれますが、そうしたときは、「今あなたがしていることと心が、未来に繋がっていくのです。そして未来を知ることになるのです」と答えています。

日蓮聖人の言葉に、

「過去を見んと欲すれば、現在の果を見よ、未来を知らんと欲すれば、現在の因を見よ」

とあります。

この脈々と流れる「大和心」の気高さを忘れてはならないのです。その上に、自分の現状を愛することができれば、自己を知ることができます。自己を知れば、未来にとって必要な進むべきコースが自ずと見えてくるはずです。

私たちは、自分に与えられた天命があります。成功する、しない、といった次元の話ではありません。自己を知り、今続けていることを、素敵な天命と知るべきです。

著者
塚本　真山（つかもと　しんざん）
昭和7年、滋賀県生まれ。日本毛織株式会社グループ・現ニッケ商事を経て独立。その後、多種多様な起業をするが、運命の神秘性を痛感し、四柱推命の塚脇雍山氏・気学の行松宏祐氏（いずれも故人）に師事。その後「四柱推命気学教室」を開校。また、「企業人事コンサルタント」オフィスを開業し、四柱推命を使った中小企業コンサルタントとして活躍する。大手生命保険会社や市町村主催の生涯教育講座、社会奉仕活動クラブなどで講演多数。個人人生・運命鑑定相談等を暦業中。
その他　四柱推命通変星・窮通宝鑑・滴天髄・気学・易学講座なども開催。
e-mail　sinzan@m4.kcn.ne.jp

あなたには素敵な天命がある

2018年8月9日　初版発行

著　者……………塚本真山

編　集……………初鹿野剛
企画協力…………稲垣麻由美/NPO法人企画のたまご屋さん
本文DTP…………一企画
装　幀……………中村吉則

発行者……………今井博揮
発行所……………株式会社太玄社
電話：03-6427-9268　FAX：03-6450-5978
E-mail:info@taigensha.com　HP:http://www.taigensha.com/
発売所……………株式会社ナチュラルスピリット
〒101-0051　東京都千代田区神田神保町3-2　高橋ビル2階
印　刷……………創栄図書印刷株式会社

ISBN 978-4-906724-40-6 C0011
Printed in Japan